AF499576

PHENOMENES
OVNIS

Affaires paranormales non classées

François Garijo

PHENOMENES OVNIS
N° ISBN : 979-10-97252-09-0
EAN : 9791097252090
Dépôt légal Avril 2018

INTRODUCTION

J'espère vous faire partager un autre regard sur le Triangle d'Or de l'Ufologie Russe, la région de Saratov-Volgograd–Astrakhan, qui focalise en elle, objets volants, lieux de mysticisme, bases secrètes militaires et tant d'autres mystères. Je n'ai pas pour but de juger les faits ou les témoins oculaires, mais de rapporter ici des témoignages modernes sur des sujets passionnants, qui sauront je l'espère susciter de l'intérêt pour la Russie et ses innombrables attraits.

Le rideau de fer n'a pas permis aux occidentaux de savoir ce qui se passait sur le thème ufologique en URSS avant 1968, puis plus concrètement après 1991, où les observations d'ovnis en Russie. De 1945 à 1967 les citoyens soviétiques ne concevaient même pas qu'il puisse exister des engins volants venus d'ailleurs, les autorités s'attendaient en permanence à des survols d'engins espions étrangers, leur obsession était d'intercepter ou d'abattre ces avions qui devaient être formellement identifiés. Le survol du territoire aérien soviétique ne devait pas être violé en toute impunité. Les militaires perdirent officiellement au moins douze avions de chasse intercepteurs tentant d'abattre des ovnis, les plus hautes instances de l'Etat prirent la décision de ne plus jamais ouvrir le feu sur les soucoupes volantes après 40 ans de pertes de pilotes en vain.

Curieusement, la plus forte concentration d'observations d'ovnis fut faite en occident, et plus précisément aux Etats-Unis, entre 1945 et 1947, sans que l'on sache pourquoi, ensuite cela s'est accéléré depuis le milieu des années 90. De 1947 à 1969 l'armée de l'air Nord-Américaine réalisa une enquête officielle sur les ovnis et examina douze mille cas avérés, qui aboutit au rapport Condon. Selon eux, les données collectées n'établissent pas clairement si les phénomènes volants non identifiés sont des mystifications, des essais expérimentaux de l'armée où des évènements d'un type inconnu provenant de l'espace où d'un autre pays. Les cas les plus curieux sont ceux qui réunissent des repérages radar militaires et civils et des observations visuelles et ou filmées, pour lesquelles, l'armée n'a pour le moment donné aucune conclusion acceptable, malgré que d'innombrables dossiers trouvent une explication banale. Le professeur James E. Mac Donald de l'institut de physique atmosphérique de l'université d'Arizona, constata à la lecture du rapport que la majorité des observateurs étaient dignes de foi et que les membres de la Commission Blue Book mirent en jeu des compétences scientifiques médiocres, de plus il évalue à dix fois plus le nombre de cas inexpliqués qui se sont produits en 20 ans soit 120 000 cas potentiels.

L'astrophysicien, Hynek, demeure le seul scientifique ayant étudié l'ensemble du dossier Blue Book concernant les objets volants non identifiés au-dessus des Etats Unis d'Amérique, il consulta les 12 000 cas des documents des commissions Condom et Robertson et déclare que tous les scientifiques ayant pu accéder de leur côté aux documents de façon morcelée en viennent aux mêmes conclusions, il s'agit dans un grand nombre de cas d'observations d'engins volants réels. Un commentaire figure dans le rapport des autorités militaires américaines :

« En conclusion, bien qu'une explication conventionnelle ou naturelle ne puisse être éliminée, sa probabilité semble faible dans ces cas, et celle d'un ovni réel doit être envisagée très sérieusement ».

Malgré cela les commissions ne fouillent pas les dossiers, se contentent de survoler des résumés des cas observés, font des résumés sans mesures scientifiques.

François Garijo

PRESENTATION

De l'autre côté du rideau de fer, une fois sortis du cadre, émotionnel, les documents officiels déclassifiés par le KGB en 1991 parvinrent à la presse. Seulement quelques feuilles sur dix-sept cas écrits sur cent vingt-sept pages au total. Mais il n'existe aucune preuve que les documents originaux aient été portés à la connaissance de la hiérarchie du commandement. Aucun rapport n'est joint, il n'y a pas de note du rédacteur à l'usage des instances du centre, il n'y a pas de numéro d'archivage, qui existe pourtant sur tous les documents de l'appareil d'Etat concernant toutes les affaires policières ou politiques du pays. On ne trouve pas de photos de l'enquête, ni les adresses des témoins, encore moins le suivi que l'on donne afin de déterminer si ce n'est pas subversif. De 1972 à 1982 la totalité des archives relatives au très secret renseignement à l'Etranger du KGB furent transférées de la place de la Loubyanka à Iassenevo, dans le district municipal ouest de la ville de Moscou, dans des bâtiments neufs au milieu de verdure boisée flamboyante, on s'attendait à ce que les dossiers non classés issus de l'ufologie fassent de même, mais ce ne fut pas le cas. Dans l'immensité des dossiers transférés, principalement sous forme papier et microfiches, la première direction du KGB chargée des archives du centre ne laissa rien transpirer au sujet de quelconques documents au sujet des ovnis, alors même que des centaines de pages concernant 400 cas les plus mystérieux, y compris des descriptions de collisions de combat d'avions soviétiques avec des ovnis, étaient monnayées auprès des journaux étrangers, par des employés des instituts de recherche d'Etat chargés d'enquêter scientifiquement sur les objets volants en URSS de 1978 à 1991 les Setka. Encore de nos jours, les archives du numéro deux de la place Loubyanka, n'ont pas entièrement été ouvertes au public. Le 16 mars 2016 des emballages d'archives furent laissés sur la voie publique dans la rue derrière le bâtiment de l'ancien KGB suite à une réorganisation et micro filmage, elles permirent de se rendre compte du système de sur archivage avec parfois 8 à 12 différents changements de numérotation distincts apposés dessus. Aujourd'hui pour toute question concernant l'utilisation des documents d'archives, il est nécessaire de rédiger une requête écrite aux archives centrales du Service fédéral de sécurité russe, 101000, Moscou, rue Bolchaïa. Loubyanka au numéro 2, en précisant son adresse postale et son numéro de téléphone, ensuite il est courant de trouver des rapports d'objets volants non identifiés dans des dossiers relatifs à la propagande subversive, ou bien dans des dossiers technologiques industriels, ou bien encore des bases d'archives des gardes-frontières et des comptes rendus des services de garde des bases militaires stratégiques. Si vous ne connaissez pas la date, le lieu ni le numéro de classement dans l'inventaire, on ne vous donne aucun document à consulter que vous soyez citoyen Russe ou journaliste étranger. L'association crée par le Cosmonaute Pavel Popovich avait répertorié de 1991 à 1993, environ 1300 documents relatifs aux ovnis, tous émanant des rapports des organes officiels de l'Etat Soviétique, certaines affaires qui s'y trouvaient sont désormais des sources publiques connues. Aujourd'hui des magazines comme Rossiskaïa Gazeta, et Komsomolskaïa Pravda, publient de petits articles très régulièrement, certains issus de ces anciens dossiers, certains plus contemporains, ils sont datés, nommant les observateurs oculaires, vérifiables. Beaucoup de petits dossiers remontent à la surface, on peut les traduire du Russe, et enfin comprendre beaucoup de choses. Comme toujours dans ce domaine des récits affabulatoires ou mercantiles viennent aussi faner l'aura de crédibilité de l'ufologie, le fait que les occidentaux aient offert de payer tout ce qui a trait aux ovnis a dénaturé les témoignages et incité des personnes défavorisées socialement à trouver là un moyen financier opportuniste pour améliorer sa condition de vie. En 1960, un pilote d'essai, le colonel Youri Nefedov (Юрий Нефёдов), s'est envolé dans les airs depuis l'un des aérodromes de l'Extrême-Orient sur un nouveau Mig. Après avoir volé à 200 kilomètres de l'aérodrome, avant de faire demi-tour, il a soudainement remarqué un objet qui s'approchait de lui. Nefyodov pensa qu'il y aurait collision, car un objet étrange volait directement sur lui. Mais l'avion en question monte brusquement et disparait dans le ciel. Aucun avion ordinaire ne pourrait faire une telle manœuvre, aussi rapide et instantanée. Nefyodov, en tant que pilote expérimenté, l'a parfaitement compris. Il a même cru avoir une hallucination, quand soudainement l'objet est apparu à nouveau. Il s'est approché de Mig et a volé à côté de l'avion pendant un moment. Nefedov réussit à l'observer de près. Il ressemblait à un ovale, mais en quelque sorte irrégulier et inégal et plus comme une pomme de terre que d'un cigare. Il était difficile de l'examiner en détail, car il étincelait exceptionnellement brillamment. Le pilote signale par la radio qu'il est poursuivi par un objet étrange. Mais, selon les dispatchers, il n'y avait aucun objet sur les radars autre que son avion. L'étrange "pomme de terre" continue à accompagner le Mig, puis soudainement, s'avance et se retrouve devant la cabine du pilote. Une lumière plus brillante aveugle ce dernier, il commence à perdre le contrôle. Nefedov, qui est très calme, perd cette fois-ci son sang-froid. Il prend un maximum de vitesse avançant loin devant, ne se détournant plus d'un parcours initial prévu. Le pilote s'attendait à ce que la « pomme de terre » soit mise de côté, mais elle était toujours là. Nefedov ne sentit pas d'impact de mais sa tête se mit soudain à tourner et des cercles violets flottèrent devant ses yeux. Cela n'a duré que quelques instants. Lorsque le pilote revient à lui, l'avion est tombé à un rythme effroyable. Avec beaucoup de difficulté, le pilote réussit à sortir son MIG de sa vrille en spirale qui le conduisait à la mort. Après avoir déterminé les coordonnées, le pilote n'en croyait pas ses yeux, il s'est avéré qu'il se trouvait à 350 kilomètres de l'endroit où il avait perdu conscience ! D'une voix tremblante, il a demandé confirmation de ses allées et venues depuis le début du vol au dispatcher aérien au sol. Lorsque Nefedov entra en contact avec l'aérodrome, la tour de contrôle ne put y croire. Les répartiteurs avaient estimé que le pilote était déjà mort, puisqu'il y a plus de 20 minutes que son avion a disparu des écrans radar ! Lorsque le pilote est revenu à la base, il s'est avéré que sa montre était en retard d'exactement 20 minutes. En outre, volant 350 kilomètres de plus, il n'a pas dépensé une seule goutte de carburant, ce qui signifie que pendant 20 minutes, le pilote et son appareil n'existaient plus, ils n'étaient plus là. Pour enquêter sur l'incident, une commission spéciale a été créée, elle n'a pas permis de faire la lumière sur ce qui s'était passé. Tous les documents ont été soumis aux archives et les participants à ces événements ont souscrit un accord signé pour la non-divulgation des secrets d'État, sous peines de poursuites, d'emprisonnement, de perte de leur emploi et ou de leur retraite.

Rapport préliminaire des ophtalmologistes de Moscou ; le docteur Olga Chentsova, le professeur Julia Koretskaya, ainsi qu'Alla Ryabtseva candidat des sciences médicales, (Ольга Ченцова, доктор медицинских наук, профессор, Юлия Корецкая, доктор медицинских наук, Алла Рябцева, кандидат медицинских наук), est rapporté dans le Journal Moscovite Anomalie n° 2 de 1991 :

« Nous avons jugé opportun de rapporter les conséquences de l'influence possible des OVNIS sur la vue des gens, par exemple des patients qui ont demandé de l'aide médicale après avoir observé un OVNI le 16 mars 1990, à Chatura, dans la région de Moscou. Ce jour-là, vers 7h50-7h45, les employés de la cantine du Centre d'Etudes du Laser au nord de la ville, ont observé l'apparition au-dessus de la forêt d'un objet volant non identifié, en forme de cigare, qui est ensuite passé dans un ballon. L'ovni brillait fortement et resta presque immobile pendant environ 40 minutes. Un rayon pénétra à travers la vitre dans la pièce où se trouvaient les observateurs. Sur le verre autour de du rayon, une tache pourpre était clairement visible. L'apparition de l'objet et sa disparition se sont produites soudainement. En regardant de près l'OVNI, tous les témoins oculaires ont noté la nature pulsante de ses petits mouvements tremblants prenant de l'amplitude à travers le ciel, avec une fréquence énorme. Le phénomène a été observé par 9 personnes, dont 8 femmes et un homme. L'âge des observateurs est de 21 à 44 ans. Le suivi médical a été effectué sur tout le personnel de la cantine. Cinq d'entre eux ont vu l'objet pendant 50-40 minutes, l'un d'eux suggère, qu'il a regardé un OVNI pendant environ 20 minutes avec des pauses, les autres ont noté qu'en raison de leurs occupations respectives au travail, les temps d'observation portaient sur 5-10 à 15-20 minutes ». Le Centre Technologique du Laser est séparé d'environ 80 mètres d'un lac par une parcelle boisée, une petite clairière aboutit dans l'eau depuis l'arrière des bâtiments et de la cantine mais l'entrée est sur Ulytsa Svyatoozerskaya numéro 1, au nord de la Ville de Chatoura, Moskovskaya oblast, Russie, 140700. On y accède de l'ouest par la RN 106, Moscou est à seulement 100 km, on y vient aussi du centre-ville par l'avenue Syadoserskaya, débouchant aujourd'hui sur le Centre Commercial Pyramida, et une enseigne de grande surface française très connue. A l'époque des faits il n'y avait rien de tout cela, c'était un petit village très peu bétonné, où rien ne se passe, à part les parties de pêche ou les matchs de foot l'été, dans un terrain qui est aujourd'hui le Stade Energya. Ici jamais les personnes ne se sont passionnées pour les ovnis, sujet qui en 1990, leur était à la fois inconnu et indifférent. Après la disparition de l'OVNI qui évoluait au-dessus du lac, tous ceux qui l'observaient ont noté soit l'apparition d'un brouillard violet devant leurs yeux, ils voient tout clairement autour d'eux, mais dans le spectre de la lumière violette. Chez les personnes ayant subi une courte période de contact visuel avec l'OVNI, ce brouillard a tenu pendant environ une demi-journée Pour ceux qui l'ont observé plus longtemps, la couleur violette perdure jusqu'à 1,5 à 2 jours. En outre, les jours suivants, deux patients constatent l'apparition d'une faiblesse générale, un blanchiment de la peau, des maux de tête fréquents. Pour deux observateurs oculaires, après la disparition de la brume violette, une tache sombre demeure devant les yeux, et à ce propos ils se sont tournés vers l'oculiste de leur lieu de résidence afin de se faire soigner. Le premier traitement révèle une diminution de la vision d'environ 0,5-0,4. Il a été trouvé dans la zone temporale, l'apparition de la perte du champ de vision (scotome) de 3-5 degrés. Sur le fond, il y a des changements dans la partie centrale de la rétine, la disparition du réflexe maculaire, un œdème rétinien. Un traitement immédiatement actif a été prescrit. Un suivi supplémentaire a été maintenu à l'hôpital ophtalmologique de l'Institut régional de recherche clinique de Moscou nommé M.V. Vladimirsky. Des changements dynamiques ont été enregistrés 1,5 et 6 mois après le contact visuel avec l'ovni. La surveillance des patients continue ; « Cependant, nous devons faire un avertissement précis, ne pas laisser les enfants observer des ovnis, ne pas soutenir l'observation visuelle d'un ovni et préserver la santé des effets secondaires possibles sur le corps humain par la variété de effets anormaux, y compris les soi-disant objets volants non identifiés », fin de citation. Un disque rougeoyant survola la ville russe de Chatoura le 16 mars 1990, il fut aussi observé par le personnel de l'Institut des technologies laser et de l'information de l'Académie russe des sciences, également appelé centre laser, dont les installations secrètes étaient totalement à l'arrêt lors de l'incident. Le disque était un objet volant non identifié. A 6 heures du matin, l'un des employés de la salle à manger de l'institut, dont la journée de travail commençait déjà, voit un grand disque lumineux, le chef de la salle à manger, M. Gennady, est déjà dans son bureau quand il regarde d'un coup d'œil par la fenêtre, et voit un disque rougeoyant dans le ciel sombre. Selon les descriptions de M. Gennady, un rayon rouge émerge de la partie centrale de l'objet étrange. À la fin il se termine par une queue en forme de cigare d'une couleur orange, plusieurs points bleus apparaissent clairement. Le disque se déplace au-dessus du lac Sacré venant vers l'institut. Après un moment, sont arrivés quelques employés de la salle à manger, observant à leur tour un objet non identifié. L'objet incompréhensible bouge dans un silence complet, se déplace lentement au-dessus du lac sacré. Il est visible du centre laser, de la centrale électrique, et du dépôt de carburant, aux abords du lac, ainsi que depuis ce qui est aujourd'hui une usine de filtres pour automobiles. La ville de Chatoura est coupée en deux, au nord elle est urbanisée, vers le nord-est il y a le lac, et au sud de la ville, une zone pavillonnaire rurale encore endormie, les deux étant séparées par le passage de la voie ferrée. Le Prospect Iltsa, part d'Ouest en Est, puis au croisement avec Internatsionalnaya en remontant au nord, on franchit la place Lénine pour rejoindre l'Hôpital local. Les habitants ne sont pas encore dans la rue, il est tôt et au mois de Mars il fait encore très froid, les rues sont encore enneigées, de la glace se colle aux vitres des fenêtres. L'ovni atteint le milieu du lac et demeure suspendu sur place. La surface du lac demeure calme tout le temps sans vagues, c'est un lieu de pêche que les amateurs de poisson fréquentent en arrivant par la rue Moskovskaya, accédant sur une avancée de terre en forme de croix très boisée, elle entre jusqu'au milieu de l'eau comme une lance, tout est bordé d'arbres, on s'y trouve au calme et son voisin pêcheur ne vous voit pas à trois mètres de vous. Quelques minutes plus tard, le disque commence à faire des manœuvres, il tourne alors vers la droite, puis brusquement à gauche oscille doucement d'un côté à l'autre. M. Gennady avait peur pour sa santé mentale. Après un moment, d'autres employés de la salle à manger s'approchent à leur tour. Au bureau, une courte réunion de planification devait avoir lieu. Au lieu de discuter des plans pour la journée, les personnes s'agglutinent à la fenêtre, pendant quelques minutes, demandent en état de choc : "Qu'est-ce que c'est ?". Soudain, l'objet mystérieux se déplace de nouveau rapidement, fait trois accélérations disparaissant finalement derrière la cime des arbres. La scène céleste dure au total environ 50 minutes, après quoi, l'un des employés du centre T. Tina s'écarte de la fenêtre et s'exclame en regardant M. Gennady : « Votre visage est devenu pourpre ». Il s'avère que toutes les neuf personnes ayant observé ce phénomène anormal, ont un voile violet devant leurs yeux, et leur visage est empourpré. Ces stigmates ne sont pas retombés pendant deux semaines. Quelqu'un sent un voile devant ses yeux plus transparent, au final les employés inquiets décident d'aller rapidement consulter les médecins, parce qu'ils pensent qu'ils perdent leurs yeux. L'oculiste de l'hôpital local, Tatyana Morozova se charge des premières consultations en urgence. Quelque temps encore après la disparition de l'objet, les témoins oculaires ont un voile de pourpre devant leurs yeux, cela dure deux semaines entières. Au bout de 2 semaines, chez certains d'entre eux, il disparait progressivement, d'autres conservent des douleurs dans les yeux, leur vue détériore sérieusement. Une thérapie complète est organisée pour les blessés, dans la clinique ophtalmologique de l'Institut régional de recherche clinique de Moscou (MONIKI). Le chef de la clinique, ophtalmologue de la région de Moscou, le professeur en médecine Alla Ryabtseva, décide de prendre leur traitement en main : « En relation avec la situation inhabituelle, nous avons décidé de mener une enquête exhaustive, non seulement sur ceux qui ont demandé de l'aide, mais aussi sur ceux qui sont devenus des témoins involontaires de phénomènes anormaux. Beaucoup d'entre eux ont été observés dans notre pays pendant toutes ces 13 années », dit Alla Ryabtseva. Pour les spécialistes de la clinique ophtalmologique, l'affaire est allée au-delà de l'ordinaire, ils décident donc de procéder à un examen approfondi des victimes. En plus des méthodes traditionnelles de diagnostic général, la clinique a recours à des méthodes ophtalmologiques spéciales. Chez les patients, ils testent l'acuité visuelle, analysent les larmes, la muqueuse de la membrane de l'œil, examinent la sensibilité du nerf optique, l'état de la rétine du fond de l'œil, et utilisent toute une série de recherches très spécialisées pour déterminer les causes des changements dans les organes de la vision. Pratiquement tous les patients gardent des changements dans la rétine de l'œil. Six victimes subissent des changements mineurs accompagnés d'un malaise temporaire dû à l'apparition du voile devant leurs yeux. Deux employés du centre, qui fixaient le disque incandescent presque tout le temps, alors qu'il était au-dessus du lac, sont atteints de brûlure rétinienne avec diminution de l'acuité visuelle permanente. Tels sont les dommages que les ophtalmologistes considèrent comme très sérieux. Affaire rapportée dans : Chroniques des visites d'OVNIS, de Vadim Tchernobrov, dans le Journal « Anomalia » n° 2 de 1990, également dans le livre « Visite de l'Inconnu », de Sergei Tantsura, ainsi que le Journal « Itogi » numéro 50 (392) du 12/12/2003, dans « Ufocom Ru Topics », par Schestakov Vladimir, un autre article dans le journal « Komsomalskaïa Pravda » du 24//2005, et un article conséquent dans la gazette : « Nevavisimaïa Gazeta » du 27 juin 2005.

PHENOMENES OVNIS

PHENOMENES
OVNIS

Les affaires paranormales non classées vont nous mener dans la région Russe de Volgograd, anciennement Stalingrad, qui est devenue un haut lieu du tourisme très apprécié par les amateurs d'histoires les plus mystérieuses. Des affaires paranormales se produisent dans des lieux fréquentés par les ésotéristes du monde entier. Les témoignages décrivent des hauts-lieux de l'ufologie depuis Saratov en passant par Volgograd descendant jusqu'à Astrakhan le long de la splendide Volga. Les médias télévisuels nord-américains ont surnommé cette région mythique : La zone 51 Russe. En raison de l'existence d'une base ultra secrète et d'une liste dense de lieux, évènements, et phénomènes paranormaux inexpliqués. Une énergie inconnue attire la foudre jour et nuit par beau temps, les moteurs des voitures s'arrêtent, les montres ont des interruptions ou retards temporels en des lieux survolés par les ovnis laissant parfois derrière eux des traces au sol où rien ne repousse. Vous êtes dans la vallée de la Volga, où depuis des décennies, les ovnis y défient toutes les tentatives d'explication. Je ne me permettrai pas de juger des témoignages car qu'el que soit l'origine des faits, à n'en pas douter il y a une explication. Après la lecture de quelques affaires paranormales inimaginables, vous ne regarderez plus jamais la Russie de la même façon, et saurez trouver un endroit insolite pour passer d'agréables vacances.

La Scandinavie au Nord de l'URSS voit les habitants des pays qui s'y trouvent, troublés par un cigare tubulaire volant sombre, vu par plusieurs milliers d'habitants et de militaires. Ce serait ce dernier qui deux ans après et deux milles kilomètres plus loin, en 1948 aurait été abattu par les soviétiques à environ 150 km au sud-est de Volgograd. Le gouvernement Suédois accuse l'Union Soviétique d'être à l'origine de la poursuite de tests à partir des fusées Allemandes prises à Peenemünde, mais les américains réfutent cette théorie, indiquant qu'aucune technologie ne permet en 1946 de faire voler une fusée au ralenti dans le ciel, pas plus qu'aujourd'hui d'ailleurs. Le 9 Juin 1946 la capitale de la Finlande, Helsinki est survolée par un objet d'une lumière brillante laissant derrière lui un épais brouillard, accompagné d'un son de tonnerre, la lumière persiste durant environ 10 minutes, cela se reproduit la nuit suivante le 10 juin 1946. Le 12 juin 1946 Le ministère de la défense Suédois demande au personnel militaire de signaler par la voie officielle tous phénomènes anormaux observés. Environ 200 dossiers sont rédigés, concernant un objet tubulaire en forme de cigare, volant à vitesse lente sans aucun bruit. Une semaine plus tard une commission d'enquête spéciale nommée par le Gouvernement Suédois reçoit le Secrétaire de la Marine de Guerre Nord-Américaine, James Forrestal, venu rencontrer en personne les représentants suédois du Ministère de la Défense. On retrouve trace de cette mission, car il leur remet un mémo secret du FBI du 19 août 1947. En août 1946, le 11, il est présence 300 rapports concernant des observations d'un objet volant tubulaire survolant la région et la ville de Stockholm. Un cas particulier est contenu dans le rapport du FBI de James Forrestal, l'affaire du 14 août 1946 à 10h00 du matin. Un pilote militaire de l'Armée de l'Air Suédoise volant à 650 pieds (200 m) dans le centre de la Suède, rencontre un objet volant non identifié de couleur noire. Un cigare gris sombre tendant au noir volant à rase mottes à 50 pieds (15 m) au-dessus du sol et se trouvant approximativement à 6 500 pieds (2 km) de lui. Selon son estimation il évoluait à 650 km/h. Le cigare conserva son altitude constante par rapport au sol. Les rapports au sujet d'un cigare tubulaire volant débutent en Scandinavie en Septembre 1946, suivis de relevés d'observations oculaires similaires en Hongrie, Grèce, Portugal, Maroc, Asie. Lorsque le gouvernement Suédois déclassifie enfin les dossiers concernant les fusées fantômes, l'ensemble est constitué de 1 500 affaires collectées pour la seule année 1946 et classées Secret Défense. Le 9 janvier 1947 un Rapport du Département de l'intelligence de la Défense des Etats Unis d'Amérique, classé top secret jusqu'en 1978, comporte quatre pages au sujet de tubes volants, des fusées en forme de cigare, laissant supposer que la technologie provient d'URSS mais conclut que malgré cette version, aucun avion soviétique à l'époque ne pouvait survoler la Scandinavie, et ne disposait d'une technologie suffisante pour y parvenir :

British Air Ministry Report Investigation of Reported Missile Activity Over Scandinavia, du 9 Septembre 1946 et Intelligence Revue, numéro 49 du 9 Janvier 1947 titré « Ghost Rockets Over Scandinavia »

Lijegren, Anders & Svahn, Clas : « Ghost Rockets and Phantom Aircraft", paper in the anthology Phenomenom, Forty Years of Flying Saucers, Avon Books 1989.

Mufon Unidentified Flying Objects Briefing Document : "The best Vailable Evidence", de Don Berliner, co-auteurs Marie Galbraith et Antonio Huneeus, présenté par CUFONS, FUFOR, MUFON, édité par UFO Research Coalition, USA 1995 p 23-24.

Pour commencer, je souhaite placer en premier sujet, celui pour lequel les occidentaux se passionnent le plus. La rencontre de l'ovni de Volgograd au lac de Baskunchak en 1948, des enquêteurs ufologues Nord-Américains, avancent qu'un ovni en vol fut abattu par un avion de chasse soviétique. Une fois l'objet volant à terre, il aurait constitué le premier appareil sur les bases duquel les soviétiques ont ensuite travaillé. Aux USA on parle désormais du Roswell Russe. Dans le détail, les évènements ressortent d'une conversation confidentielle tenue dans le wagon d'un train entre le pilote et un scientifique. Cela demeura une anecdote parmi tant d'autres, telles que racontaient les vétérans héros de la seconde guerre mondiale. Après lecture des documents en langue Russe, on retrouve des recoupements et détails issus de son épouse, de sa sœur et des extraits des services de l'armée. A ce jour, les autorités de l'armée de l'air Russes n'ont jamais infirmé la véracité de cette histoire précise.

D'autres faits nous sont connus vont venir renforcer cette affaire, notamment, le livre « Ovnis en Russie » rédigé par le président de l'Union Ufologique Russe, le professeur de l'Université Linguistique de Moscou, Boris Chourinov, paru en langue française en 1995 aux éditions Guy Trodafiel donna toute l'ampleur du phénomène de l'autre côté du rideau de fer. Par la suite, en 2015 des écrivains anglo-saxons fournirent de nouveaux volets anecdotiques sur les grandes affaires d'ovnis en Russie, également en langue française. Fin des années 90, début des années 2000 les grands reportages et films thématiques nord-américains font cas du Roswell Russe. Une conférence de presse fut réalisée à l'initiative de l'ufologue américain Robert Hastings, le 27 septembre 2010, sur un aspect troublant des observations d'ovni, leur proximité constatée avec des sites nucléaires militaires en présence de missiles nucléaires qui étaient parfaitement actifs pendant l'apparition d'ovnis. En raison des questions de sécurité nationale, peu d'information sur ces cas ont filtré, récemment, une série de militaires américains à la retraite ont accepté de témoigner à visage découvert, lors de cette conférence de presse. La vidéo de la conférence de presse au National Press Club, à Washington, le 27 septembre 2010 est disponible via le lien suivant :

http://ovnis-usa.com/2010/10/17/la-conference-de-washington-en-francais/.

La retranscription complète, en français, peut être consultée à l'adresse suivante :

http://projectavalon.net/lang/fr/Temoins_militaires_d_OVNI_sur_des_sites_nucleaires_National_Press_Club_27_09_2010.pdf.

Depuis 1973, environ cent vingt membres du personnel militaire ancien ou retraité qui ont fait rapport d'incidents d'ovnis ont été interviewés par Robert Hastings, des cas sont cités par les militaires interrogés faisant état de désactivation des missiles nucléaires et du matériel électronique dans des sites de missiles nucléaires, des aires de stockage d'armes nucléaires, des sites d'essais d'armes nucléaires au Nevada et dans le Pacifique durant les tests atomiques atmosphériques avant 1963, afin de vous inviter à vous forger une opinion, voici le site Internet mentionnant le livre de Robert Hastings :

http://www.ufohastings.com/.

Dans le même contexte, un paragraphe page 301, du livre titré : « Above Top Secret » de Timothy Good parle à propos de missiles ayant été désactivés alors que des ovnis se trouvaient au-dessus des installations top secrètes. Bruce Fenstermacher, commandant d'équipe de combat et capitaine dans l'Armée de l'air stationné dans la base de F.E. Warren, relate un incident à l'automne 1976, il est de garde et engage une conversation au téléphone avec les services de sécurité des installations nucléaires mises en état d'alerte au sujet d'une lumière blanche pulsante dans le ciel émane d'un ovni silencieux en forme de cigare qui est à douze ou treize kilomètres de distance de la base de lancement. Entre les pulsations de lumière blanche, on voyait des lumières rouges et bleues. L'ovni s'est dirigé d'une base de lancement de missiles nucléaires vers une autre base de lancement, toujours silencieusement, stationnant au-dessus un instant en observation, avant de disparaitre soudainement au loin et de ressembler à un point lumineux de la taille d'une étoile dans la nuit. Un énorme ovni fut observé à proximité d'un site de missiles nucléaires à la base de la des forces aériennes F.E. Warren, au Wyoming, U.S.A. en Octobre 2010.

Source : http://www.theufochronicles.com/2011/06/huge-ufo-sighted-near-nuclear-missiles_19.html.

Selon la source, cinquante missiles nucléaires Minuteman III, furent hors communication le 23 octobre 2010 durant 59 minutes. Mark Ambinder, éditeur au journal The Atlantic, obtint cette information qui fut confirmée par la base aérienne elle-même. Deux techniciens travaillant sur les missiles, déclarèrent sous serment que plusieurs équipes successives de militaires de la base, observèrent un énorme ovni, en forme de cigare, la forme décrite par les témoins était similaire à celle d'un dirigeable de type Zeppelin sans nacelle, mais plus allongé, tout en longueur, sorte de concombre, ou cigare d'aspect métallique. Les problèmes de communication entre le centre de contrôle et les missiles perdura de manière intermittente durant plusieurs heures, et les commandes nucléaires désactivées, rendues totalement in opérationnelles. La sécurité de la base a bien confirmé que quelque chose a brouillé l'ensemble des systèmes de contrôle. Les grandes affaires d'ovnis furent portées au public non pas par les Russes eux-mêmes, mais par les étrangers occidentaux, et si de 1947 à 2010 ce furent les soucoupes volantes qui remplirent les colonnes des journaux, l'apparition de cigares volants relance un vieux dossier, le Roswell Russe de 1948 non loin de l'ancienne ville célèbre de Stalingrad, rebaptisée Volgograd. Et c'est aussi l'ensemble des phénomènes anormaux dans la région qui ressurgissent

BASKUNCHAK 1948

En juillet 1947 eut lieu l'incident de Roswell, on peut penser que ce dut le point de départ d'une frénésie qui gagne l'Amérique et le monde occidental, tout le monde se met à croire aux ovnis de type soucoupe volante et aux extraterrestres. Un an plus tard, en août 1948, en différents points du globe, certaines observations sont étranges sur bien des points, en premier lieu, il n'est nullement question de soucoupes volantes, mais d'engins en forme de cigare alors que jamais personne auparavant, que ce soit dans un film, émission de radio ou une quelconque gazette n'avait émis la moindre supposition qu'un tube volant sans ailes puisse traverser le ciel.

1° Août 1948

Selon Jacques Vallée, dans « Anatomie d'un phénomène », p. 54, et Donald E. Keyhoe, dans « Les soucoupes volantes sont réelles », p. 72, le matin du 1er août 1948 en Mer de Chine méridionale de Hong Kong à Saigon, au Vietnam, tout le monde sur un avion d'Air France survolant la mer de Chine méridionale a vu un énorme objet métallique en forme de cigare voler vers le sud, puis tourner à 90 degrés. Plus tard, ce jour-là, à Clark Field, aux Philippines, des observateurs militaires américains ont également aperçu un objet en forme de cigare sans ailes avec une rangée de lumières. Selon Michel Aime dans son livre « The Truth About Flying Saucers » Pyramid T1647, New York, 1967. Un Cigare volant avec des lumières a été observé durant cinq minutes au-dessus d'une base aérienne de Clark AFB, Philippines. Selon une autre source, Larry Hatch, en Août 1948 à Martigues, Provence-Alpes- Côte-d'Azur, France, un OVNI en forme de cigare lumineux apparait avec des lumières clignotantes sur les côtés. Il s'arrêté en vol, puis part rapidement vers le sud-est. Une enquête policière rapporte l'observation par de nombreux témoins pendant cinq minutes. Le 3 août 1948 à 8 heures au-dessus de Moscou en URSS. Un long cylindre métallique sans ailes volant à très haute altitude et a été vu dans les cieux à 25 kilomètres au nord-ouest de Moscou en Russie. Il s'est déplacé silencieusement et très rapidement vers le nord-est. L'affaire est citée dans le célèbre Projet Blue Book. Larry Hatch, enregistre sur une base de données informatique, selon le numéro d'affaire 1338, citant Loren E. Gross, « ovnis Une histoire ». 1948, p. 48. Sa trajectoire passerait sans doute aujourd'hui par l'aéroport international Cheremetièvo (Международный Аэропорт Шереметьево), à l'époque cette région était plus boisée et moins habitée. La seconde apparition de ce cigare se fait quelque temps après à plus de 1 000 km direction sud-est, vers Volgograd. Dans les années 90 un film est diffusé dans le monde, il a été tourné par l'armée Russe, il s'agit d'un objet volant non identifié, repéré à 60 km d'une base aérienne, volant à plus de 12 000 mètres d'altitude. Un premier avion intercepteur est lancé à sa poursuite, à bord d'un MIG, deux pilotes arrivent vers lui mais passent en dessous, car il s'est rapidement élevé vers 15 000 mètres d'altitude à leur approche. Le pilote, Constantin Zakharov a du mal à expliquer ce qu'il a vu, en tout cas c'était rapide. Le commandement de la base décide d'envoyer un Soukhoï Su-7, avec ordre d'abattre cet avion non identifié, on pense qu'il peut s'agir d'un avion ennemi armé. L'opération peut être dangereuse, le commandant choisit un jeune pilote motivé, célibataire et sans enfant pour cette mission. Le Soukhoï, un turbo réacteur avec post combustion, pouvait atteindre un plafond de 18 500 mètres d'altitude à une vitesse supérieure à 2 000 km/h, il atteint l'objectif et s'en approche à 8 km de distance. Le pilote tente à plusieurs reprises de faire feu sur sa cible, mais les commandes ne répondent pas, tout le dispositif de tir est inopérant, l'objet volant se hisse rapidement à une vitesse de 2m/s et se place hors d'atteinte à plus de 30 000 mètres dans la stratosphère où il fait – 3°C à −70 °C. A bord de la cabine, le Soukhoï équipé d'une caméra, filme l'ensemble de l'opération. L'analyse du film démontre l'existence d'un cigare grisâtre ou tube volant d'une longueur de plus de 800 mètres, officiellement, l'Etat déclare que c'est un dirigeable. Mais un ballon dirigeable ne peut monter qu'à 10 m/s maximum et vole généralement vers 1 800 mètres. Cette affaire porte un éclairage nouveau sur une autre plus ancienne qui s'est déroulée cinquante ans en arrière dans des circonstances similaires. Un objet volant à 15 000 mètres, de forme allongée de cigare tubulaire métallique, émettant une énergie capable de faire dysfonctionner les dispositifs électroniques. Il s'agit de l'affaire de Baskuntchak en 1948 dans la région d'Astrakhan, un dossier qui ne s'est jamais retrouvé parmi les documents sur les OVNIS en URSS déclassifiés par le KGB en 1991.

LE PILOTE

La première grande affaire d'ovnis que l'on s'attendait à trouver dans le Dossier Bleu du KGB état l'attaque de Baskuntchak près de Vladimirovka en 1948. Pourtant ni le rapport rédigé par le pilote et la base aérienne au commandement de l'Armée de l'Air à Moscou, ni le rapport du service d'enquête qui se rendit sur place, ni le rapport du KGB de Volgograd ne figurent dans les dossiers divulgués au public. De plus, les états de service du pilote prennent fin en 1953 à seulement 30 ans l'officier est démis du service actif et terminera sa vie en 1995 à 72 ans, après avoir travaillé dans le civil pour une usine de Moscou dont il deviendra le responsable. Pourquoi est-elle la première grande affaire ? Parce qu'elle intervient l'année suivante du crash de Roswell, et qu'il y eut des rapports officiels sur l'attaque d'un ovni en forme de tube par un avion de chasse militaire soviétique, que cette affaire monta au plus haut sommet jusqu'au ministre de l'armée de l'air, jusqu'au présidium du soviet suprême. Un ovni immense en forme de cigare surgit soudainement venu de nulle part, comme apparu subitement au-dessus du lac de Baskunchak, il y était suspendu comme figé, flottant dans les airs, d'aspect métallique argenté et brillant. Présentant un écho sur le radar observé visuellement, la base est en état d'alerte, un intercepteur MIG va bientôt être lancé à sa rencontre, il est piloté par un as de l'aviation durant la grande guerre patriotique contre l'envahisseur allemand, il se nomme Sergey Andreevich Apraksin (Сергей Апраскин Андреевич). Major général de l'armée de l'air de l'Union Soviétique, à la fin de la guerre il totalise fait 109 sorties avec succès, dans lesquelles il a personnellement détruit et endommagé 11 chars, 69 véhicules automitrailleuses, 12 batteries d'artillerie, 47 wagons de marchandises, 3 entrepôts de munitions, tué 350 soldats ennemis et officiers, incendié 18 objectifs stratégiques ennemis à bord d'un chasseur Iyoushine 2, avion surnommé la mort noire Schwarzer Tod, par les soldats allemands. Né en 1923 en Sibérie Apraksin est décore de l'ordre de l'étoile d'or de héros de l'Union Soviétique numéro 6297 par décret du Présidium du Soviet suprême de l'URSS le 29 Juin 1945 il est seulement âgé de 22 ans pour actes de bravoure et de courage durant l'assaut contre l'ennemi, Le jeune lieutenant sera aussi décoré de l'Ordre de Lénine. Il prit part à l'offensive (Земла́ндская наступа́тельная опера́ция) du 3e front Biélorusse en coopération avec la Flotte de la mer Baltique, déroulée du 13 au 25 Avril la Prusse dans orientale, mais aussi aux batailles De Kaunas, Vilnius, Konigsberg, Apraksin passe la guerre dans l'aviation militaire en accumulant les décorations, il reçoit au combat l'ordre de l'Etoile Rouge, l'ordre de Lénine le 29 juin 1945, deux ordres bannière rouge (Орден Красного Знамени) les 29 janvier 1945 et 29 avril 1945, l'ordre de la grande guerre patriotique de 1° classe à deux reprises les 22 février 1945 et 11 mars 1985, l'ordre de la gloire de 3° degré le 10 juillet 1944, les médailles pour la défense de Stalingrad, pour la capture de Berlin et d'autres. C'est un officier émérite, ancien combattant aux états de service sans tache. Le 24 juin 1945 il participe au défilé de la victoire à Moscou en Héros de l'Union Soviétique, il a seulement 23 ans. Sergey Andreevich Apraksin est né le 23 janvier 1923 dans un village rural du district Alatyrsky du nom d'Atrat, dans la République Tchouvache.

La République de Tchouvachie (Чува́шская Респу́блика, Tchouvachskaïa Respoublika) est une république de la Fédération de Russie, située au sein de la région économique de Volga-Viatka ou moyenne Volga et sur la rive gauche de ce fleuve. Sa capitale est Tcheboksary. En juin 1941 Apraskin est incorporé dans l'armée rouge par le commissariat du peuple d'Alatirskym (Алатырским), à l'école d'Aviation de Tskalove (Чкалове, région d'Orenbourg (Оренбург), afin de devenir pilote de chasse. Après l'obtention du diplôme, Apraksin est intégré au régiment d'aviation de réserve. Le lieutenant Apraksin devint en 1945 le pilote le plus ancien dans le 74° Régiment Aérien de la garde de Stalingrad, régiment Souvorov de la Bannière Rouge. Il est âgé de 22 ans et déjà le plus vieux pilote du régiment sur Iliouchine Il-2 Chtourmovik. A 23 ans il rejoint la 1° Division de la garde Aérienne sur le 3° front de Biélorussie.

Ref : Герой Советского Союза : Краткий биографический словарь / Пред. ред. коллегии И. Н. Шкадов. — М. Воениздат, 1987. — Т. 1 /Абаев — Любичев/. — 911 с. — 100 000 экз. — ISBN отс., Рег. № в РКП 87-95382.

Le 74° régiment a été fondé le 18 mai 1943 à partir des restes du 504° Régiment Aérien D'Assaut (504-й штурмовой авиационный полк). Le régiment décimé est renforcé par des éléments de l'escadron d'assaut Aérien 800. Par décret n° 207 du présidium suprême en date du 04 mai 1943 il porte le nom de Régiment de Stalingrad en raison des services rendus pour la défense de cette ville :

(Приказом НКО СССР No. 207 от 04.05.43 г. за особые заслуги в обороне города Сталинграда полку присвоено почетное наименование Сталинградский).

Apraskin est le héros du régiment.

LE DECOLLAGE

Apraskin, Héros de l'union Soviétique qui a abattu 350 soldats et officiers ennemis au cours de ses raids aériens n'était pas un officier comme les autres, le Commandant était devenu pilote d'essai pour les prototypes d'avion à réaction Mikoyan-Gourevitch MIG 15 à moteur Rolls Royce. Le MiG-15 pouvait monter au-delà d'une altitude de 10 000 mètres. Son armement, se composait de deux canons automatiques de 23 mm et d'un canon de 37 mm. Il décolle d'un terrain d'aviation militaire (Áхтýбинск - военный аэродром) alors inconnu situé vers Akhtuba qui est aujourd'hui connu sous le nom de Base Vladimirovka. Akhtoubinsk est aujourd'hui une ville centre administratif du district d'Akhtouba. Elle fut créé en 1959, par l'unification de la colonie de Vladimirovka, les colonies de Petropavlovka et Akhtuba. Akhtoubinsk fut visité à plusieurs reprises par les dirigeants de l'Etat. Par exemple, le 2 septembre 1958, le premier secrétaire du Comité central du PCUS et président du Conseil des ministres de l'URSS, Nikita Khrouchtchev, assista aux démonstrations d'envoi de missiles RS-2-U en vol depuis un MiG-19 conduit par le pilote d'essai M.I. Bobrovitsky.

L'affaire débute en 1945, le radar de la base détecte quelque chose, nous sommes trois ans après la grande guerre, ce que l'on croit être un avion étranger ne répond pas aux injonctions radio, on décide de lui envoyer l'intercepteur le plus rapide de l'époque, l'Union soviétique avait fourni des appareils de ce type à la Corée du Nord et la Chine, ainsi que des pilotes russes expérimentés durant la guerre de Corée, ils avaient à ce moment-là, une supériorité aérienne, rien ne pouvait les égaler au combat. Le 16 juin 1948 dans la zone Baskunchak un pilote d'essai, Apraksin commence à chasser l'ovni, fait feu sur lui à une hauteur de plus de 10 kilomètres, et subit en réponse un impact de rayonnement qui place hors service tous les équipements électriques dont le moteur de l'avion.

16 июня 1948 года в районе Баскунчака летчик-испытатель Апраксин начал преследовать НЛО, замеченное им на высоте, свыше 10 километров, и подвергся в ответ лучевому удару. Вышло из строя все электрооборудование и двигатель самолета.

Apparait soudainement dans le ciel un objet volant non identifié, de couleur métallique argentée, en forme de cigare. Comme les experts disent aujourd'hui, un ufo, et c'est de cela que l'on va parler sérieusement maintenant. Toute la zone est top secret, Kapustin Yar détient beaucoup innovations technologiques dont dépend la suprématie militaire de l'URSS la curiosité montrée par un avion inconnu, quelle que soit sa forme est une agression pour les Russes, nous sommes trois ans après la seconde guerre mondiale pas très loin de Stalingrad la ville martyr. On se rappellera que, dans ces années, la majorité des personnes dans les milieux gouvernementaux étaient enclins à croire que les objets volants non identifiés comme conventionnels n'étaient pas des ovnis de l'espace, mais le développement secret de l'arme inconnue d'un ennemi potentiel. Les préoccupations diplomatiques bilatérales en 1947 entre les anciens Alliés ont fait débuter une guerre froide, la méfiance absolue perdurera jusqu'en 1991. Les américains nomment cette zone, la zone 51 soviétique, l'histoire de Kapustin Yar commence en 1946 quand, dans la partie nord-ouest de la région d'Astrakhan, près de la frontière avec le Kazakhstan, fait alors partie de l'Union soviétique. L'armée identifie une superficie d'environ 650 kilomètres carrés pour les essais de missiles qui deviendront nucléaires, le KGB y place des représentants (кгб на капустин яр). Sur le net on retrouve le nom d'Arkady Apraksin associé à la date de l'événement du 16 juin 1948 mais c'est une erreur d'interprétation des internautes qui copient les textes les uns des autres en réalisant parfois des erreurs sans le vouloir.

Первое известное боевое столкновение произошло над территорией озера Баскунчак в 1948-м году.

Ce premier contact sur le territoire du lac de Baskuntchak en 1948 engage l'officier pilote Sergey Andreevich Apraksin, héros de guerre décolle de la base de Vladimirovka dont les aérodromes sont à peine à 40 km du polygone secret de Kapustin Yar. Il pilote un avion à réaction Mikoyan Gourevitch (Микоян-Гуревич) dit MIG 15, ce type d'avions de chasse réalisa son premier vol le 19 décembre 1947, mais ne sera en service actif dans l'armée de l'air soviétique qu'à partir du 31 décembre 1948. C'est dont pour l'instant un avion prototype expérimental en période d'essais depuis 6 mois, volant à une vitesse maximum de 1075 km/h atteignant un plafond maximum de 15515 mètres d'altitude. Il est le plus rapide et le plus abouti de tous les avions de chasse de l'époque, équipe d'un moteur turbine Rolls Royce acheté en 1947 à l'Angleterre à trois exemplaires et reproduit en Union Soviétique sous les modèles RD-500, RD-45 et RD-45F. L'avion est le plus rapide, le plus puissant de l'époque, un bijou d'horlogerie Rolls Royce, et secret expérimental d'Etat entre les mains d'un pilote d'essais de 25 ans. A environ 38 kilomètres à l'Est de la piste d'atterrissage de la base de Vladimirovka, le pilote rencontre un Ovni en forme de tube, il dira de forme de cigare arrondi aux extrémités juste au-dessus du lac salé de Baskunchak, c'est une cuvette avec une croûte épaisse réfléchissante au soleil. Ce lac salé est à environ 53 km à l'Est de la Volga et à 270 km de la mer, autour il n'y a rien, seulement la steppe déserte. Un sanatorium y sera accolé par la suite, et de nombreux soviétiques viendront ici car le sulfure de la boue est de composition similaire à la boue de la Mer Morte. La boue et les eaux du lac ont des propriétés curatives pour les maladies du système musculosquelettique, du système génito-urinaire, du système nerveux, du système digestif, des maladies respiratoires, de l'oreille, du nez et de la gorge, de la peau, avec effets anti-inflammatoires, anesthésiques, antispasmodiques.

Le pilote capte l'objet sur son radar de bord, il l'a en visuel et parle avec la base qui lui répond, qu'elle aussi capte l'émission de l'objet en forme de concombre, le commandant lui enjoint l'ordre de faire atterrir l'engin coûte que coûte. L'ovni viole l'espace aérien soviétique et en cas de refus, Apraksin reçoit l'ordre de l'abattre sans autre forme de sommation. Le MIG 15 monte à une altitude de 10500 mètres, soit 500 mètres en dessous de son plafond maximal, il s'approche à une distance de 10 à 12 km, prend en chasse l'ovni, lui demande s'il est un ami ou un ennemi, pas de réponse radio, il lui intime l'ordre de descendre en vue d'atterrir, pas de réponse, alors il le cible et tire. Le MIG 15 dispose de deux canons Nudelman-Rikhter NR-23KM de 23 mm plus un canon de 37 mm Nudelman NL37D, il fait feu avec sa grande capacité de frappe. Toute la conversation en vol est enregistrée depuis la base aérienne, la liaison radio fut permanente. Le MIG est chargé d'intercepter et de détruire, la mission d'essai s'est transformée en mission de combat comme les missions que ce pilote expérimenté vécut durant la guerre trois ans plus tôt. L'objet volant en forme de tube ou de cigare lui envoie un rayon lumineux puissant. Le pilote est aveuglé, il ressent comme un impact dans le fuselage, les commandes de l'avion sont hors de contrôle, l'habitacle en verre a été endommagé, il se fend sans se briser, l'étanchéité de la cabine n'est plus assurée. Pour mémoire à plus de 10 000 mètres d'altitude la température atteint -48°C, les commandes ne répondent pas, puis à la suite Apraksin perd connaissance. Tous les équipements électriques, la radio, les instruments de tir et le moteur ne répondent plus, l'avion se précipite vers le bas en chute libre. Grâce à son casque et à sa combinaison, qui le préservent de la dépressurisation et du manque d'air, le pilote recouvre ses esprits quelques brefs instants plus tard. Reprenant les commandes manuelles, évitant de vriller jusqu'au crash. Il braque le MIG qui est déjà loin de l'ovni. La poussée du moteur reprend, mais tous les équipements semblent ne pas fonctionner. Il s'en sort par miracle en se posant dans le désert. L'avion porte des traces de dégâts sur le verre, les plastiques et le métal, qui font penser à une collision avec des impacts, dont la force à endommagé sérieusement la partie avant et le poste de pilotage. Seul le sang-froid et l'habileté exceptionnelle Apraksin, acquis au combat lui permirent de sauver sa vie et d'épargner la perte de l'appareil. Il conserve son froid jusqu'au bout et ne s'éjecte pas de la cabine. Un Mig vaut aujourd'hui près de 15 à 20 millions d'euros, on peut imaginer ce qu'il représentait à l'époque pour un pilote soviétique, un trésor qu'il aurait sauvé au péril de sa vie même. Ici finit la partie officielle qui a transpiré, l'ensemble du dossier reste top secret. Selon de nombreuses sources, le MIG était dans les phases d'expérimentation de l'armement en vol, cela faisait six mois que ces prototypes étaient à l'essai dans la base de Vladimirovka et les tests portaient sur le lancement de deux fusées en vol. Les projectiles des canons ne touchèrent pas le cigare argenté et le pilote lança au moins un des missiles air-air encore expérimental avec pour résultat une explosion violente qui endommagea le MIG 15 et la structure défensive de l'Ovni, avec pour conséquence la tombée sur le sol du cigare. William J. Birnes, éditeur de l'américain UFO Magazine, a cru que l'engin extraterrestre a tiré un faisceau de particules au chasseur soviétique, mais par un coup de chance le missile a perturbé le champ anti gravité de l'OVNI le faisant tomber du ciel. Les équipes de récupération soviétiques ont rapidement recueilli l'épave, et tout transporté vers l'installation souterraine à Kapustin Yar, qui a été ironiquement nommé Zhitkur, l'ancienne ville, non loin de la base. Birnes affirme que les pilotes des Mig ont reçu à l'époque l'ordre de prendre toutes les mesures nécessaires pour faire tomber tout objet volant identifié ou non, parce que Moscou souhaitait gagner un avantage technologique sur les Etats-Unis, qu'ils croyaient avoir fait d'énormes progrès en raison de soucoupes volantes et autres et voulaient absolument obtenir la technologie issue de l'ingénierie adverse. Si l'on se réfère à la vitesse du MIG de 1075 km/h et à la rapidité du contact de moins de 10 minutes, un vol de 5 minutes en direction du nord nous conduit mathématiquement effectivement au-dessus de Zhitkur à 94 km du lac salé de Baskunchak. L'affaire est très citée sur l'internet russe, cette interception à 10,5 km d'un objet volant non identifié en 1948. Les médias américains et européens vont plus loin ils disent que l'ovni a été abattu à la rockette lancée par le Mig et que son bouclier de défense endommagé le contraint à se poser en catastrophe vers Zithkur, mais que les sources russes n'ont pas d'autres données à ce sujet.

16 июня 1948 г. Полигон Капустин Яр. Над озером Баскунчак на высоте 10,5 км летчик-испытатель Аркадий Апраксин получил приказ преследовать, догнать и, при отказе снизиться, открыть огонь по

сигарообразному НЛО. Объект ответил на это лучевым ударом, в результате которого пилот временно ослеп, а электрооборудование и двигатель вышли из строя. Самолет с трудом сел. При расследовании этого случая Апраксину показали акт об аналогичном инциденте с другим самолетом.

Les archives l'exceptionnelles de l'ufologue Felix Zigel, ont gardé l'enregistrement d'une conversation entre le professeur adjoint de l'Université de Voronej I. Ya. Furman le 25 Septembre 1951 réalisée dans un train voyageant entre Moscou et Saratov ». Le Scientifique au courant de l'affaire de 1948 relate sa conversation avec un certain Arkady Ivanovich Apraksin (Аркады Иванович Апраксин), nom donné selon certains ufologues qui reprennent ce dernier sur internet et dont je n'ai trouvé aucune trace dans les archives Russes, alors que dans mon article et selon me sources il s'agit de Sergey Andreevich Apraksin. En 1948-1949 Apraksin a travaillé sur le terrain d'aviation d'essai de Kapustin Yar dans la zone Baskunchak, au sud de l'aérodrome de Vladimirovka car il n'y avait pas encore de pistes et de bâtiments bétonnés à Kapustin Yar, en particulier une piste correcte. Apraksin était pilote d'essai pour des nouveaux prototypes d'avions de combat à turbopropulseurs, les avions à réaction de dernière génération à l'époque. Le fait que des firmes aérospatiales américaines continuent à envisager une alternative radicalement nouvelle aux concepts sur lesquels sont fondés aujourd'hui les véhicules aériens, est bien la preuve de leur quête d'avancées révolutionnaires. Apraksin parle de lui-même : « je me suis envolé dans la partie inférieure de la stratosphère, je pourrais être dans les airs pendant quatre heures. J'ai reçu l'honneur à plusieurs reprises grâce à mon excellent travail de pouvoir tester de nouvelles techniques » fin de citation. Le 16 juin 1948, il prend l'air avec son avion à réaction volant à une altitude de 10.500 mètres sous une couche nuageuse continue et par une température extérieure de moins cinquante degrés. Une demi-heure après au sol, il voit un spectacle étrange, un dispositif en forme de concombre qui survolait une rampe de lancement de missiles au sol depuis l'altitude. Le dispositif volant avait la forme d'un cigare. Il en sortit un faisceau de des rayons dans la direction opposée au vol. Voyant cet objet étrange, Apraksin rend compte par radio de ses observations, la conversation est enregistrée, pendant tout le temps, il demeure en contact radio avec la base, lui a dit ce qu'il voit. L'objet renvoie un écho sur le radar de l'avion et aussi sur celui de la base au sol. La tour de contrôle lui donne des instructions pour se rapprocher de l'objet qui ne répond pas aux injonctions d'identification radio, et face à un refus éventuel de se soumettre à d'atterrir, de l'abattre. Le commandement de la base lui ordonne de l'abattre s'il tente de fuir.

A environ 10 000 mètres, il fait feu face à l'objet et reçoit une réponse lumineuse aveuglante de couleur plutôt verdâtre en provenance de la mystérieuse machine. Au même instant, toute la partie électrique de la gestion de l'avion et du moteur tombe en panne. L'habitacle de la cabine se fend sans se briser, au dernier moment, il a vu cette étrange machine se mettre en mouvement rapide, puis, s'immerger dans la couche nuageuse et disparaitre. Cet incident intégralement compilé, acte en détails dans un rapport qui est parti au ministère de l'air avec les annexes compilés sur le cahier de quart de l'équipe en poste au radar et des officiers présents et commandants. Un expert est envoyé de Moscou, il inspecte l'avion en détail, demandé des précisions au pilote, essayant de le faire se contredire par des questions transversales, deux fois ses relevés de notes sténographiques sont croisés et comparées, il est fait plusieurs contre interrogatoires avec lui tout seul dans une pièce. Ensuite il lui est simplement accordé un congé de 45 jours à Apraksin. Le commandant lui dit qu'il a besoin de repos, Apraksin prend le train, part pour Gagra une ville d'Abkhazie, située sur la Mer Noire, à 22 km au sud de Sotchi, un véritable paradis. Puis il se rend à sa maison, une de ces datchas en bois sombre avec à peine deux pièces à vivre à laquelle on accède par une route terreuse cabossée, là-bas le temps s'est arrêté voici cent ans, elle se trouve à Saratov à 350 km au nord de Vladimirovka, au nord-est de Volgograd. Apraksin est rappelé au bout de 35 jours de congé, convoqué au département de la défense de la force aérienne de Moscou, ce qui est étrange pour un jeune officier qui reçoit ses ordres d'affectation des mains du commandant de la base et non du Général en Chef des Forces de l'Air à la capitale. Il est invité à prendre du service dans un aérodrome proche du secteur européen de l'Arctique au Pôle Nord. Apraksin dit qu'un acte d'observation similaire au sien par un autre pilote au sujet d'un ovni en forme de cigare lui a été montré au cours de l'entretien avec les autorités au siège du Département de la Défense des forces aériennes, ce qui démontre que les deux dossiers étaient montés au ministère de la défense et avaient fait l'objet de recoupements par la commission d'enquête du bureau aviation militaire. Un acte similaire d'observation d'un pilote dont le nom n'a pas été rapporté à bord d'un MIG 15 lui aussi face à un cigare métallique argenté en 1948. Il s'agit d'une seconde tentative d'abattre un ovni par les soviétiques en 1948, il semblerait que le pilote y ait laissé sa vie, il fut moins chanceux qu'Apraksin. Les détails des observations coïncidaient avec ses souvenirs personnels. Seulement l'autre pilote a signalé la forme d'un avion inconnu allongé, il a également noté des rayons émanant de l'avion tubulaire. Apraksin demeure trois mois à l'aérodrome polaire réalisant six vols tests sur un nouveau prototype à haute altitude. Puis il a été rappelé à Moscou avant de retourner à l'aéroport de Vladimirovka dans la zone nord-ouest de Baskunchak. Incroyablement ce sera le second contact d'Apraksin avec un ovni, car un pilote militaire faisant un combat aérien avec un objet volant non identifié ce n'est déjà pas ordinaire, mais une seconde fois encore moins. L'officier commandant les services secrets de Stalingrad qui contrôlait tout le secteur était Nikolai Biryokov Vasilievitch (Николай БИРЮКОВ Васильевич), commissaire de la police de 3° Rang (комиссар милиции 3-го ранга), responsable du NKVD de Stalingrad du 4 décembre 1944 au 21 février 1949. C'est lui qui supervisa la première enquête en compagnie de l'officier enquêteur spécial mandaté par Moscou. Un an plus tard, en mai 1949, le même pilote d'essai d'Apraksin qui devait arborer à l'époque ses épaulettes de capitaine comportant quatre étoiles brillantes à cinq branches dans l'armée rouge, est sur un nouveau plan de vol à bord d'un MIG 15. L'officier du NKVD qui diligenta la supervision de la seconde enquête fut le colonel de la milice (полковник милиции) Alexandre Sinetski Mixailovitch responsable du NKVD de Stalingrad du 21 février 1949 au 16 mars 1953. L'enquêteur venu de Moscou repartit par avion avec l'intégralité du dossier, y compris les cahiers de quart de la base aérienne, les enregistrements radio et les rapports. Par la suite les services de renseignement confièrent la ville au colonel Igor Anatolevitch Melnikov (Игорь МЕЛЬНИКОВ Анатольевич) qui fut le directeur du KGB de Stalingrad avant que la ville ne soit rebaptisée Volgograd le 10 novembre 1961, il dirigea le KGB local du 30 mars 1954 au 16 octobre 1954. Son successeur le Général Mayor Grigoriї Ctitsenko Nikitinitch (Григорий СТЫЦЕНКО Никитич), le remplaça du 16 octobre 1956 au 14 février 1962. Sous son commandement il n'y avait plus localement aucun dossier relatif aux vagues d'ovnis de 1947 à 1953. Le plus important quand vous cherchez des informations déclassifiées et que l'on vous en donne datant de 70 ans donc obsolètes n'est pas de savoir ce qui s'y trouve mais de déceler ce qui ne s'y trouve pas, par exemple un combat aérien avec un aéronef non identifié au-dessus d'une base secrète, c'est quand même assez rare pour que l'on s'y intéresse pendant longtemps, et l'amateurisme n'existe pas au KGB. Le 6 mai 1949 Apraksin a atteint un nouveau plan pour le test en vol. Il volait en dessous du manteau nuageux tout à coup, est apparu comme un avion étrange à l'aspect vieilli volant à une altitude plus élevée, puis il a continué à baisser. A l'époque en Russie personne ne parlait d'ovnis, dans le cercle restreint des militaires de l'armée de l'air on signalait des survols aériens par des appareils inconnus, supposés être, des avions militaires occidentaux. Il a longtemps été dit que l'objet volant provenait de la direction sud-est et qu'il avait pu survoler les rampes de lancement expérimentales au sol ce qui laisse supposer qu'il était à un moment donné au-dessus de Kapustin Yar. C'est une possibilité, mais on ne peut l'affirmer formellement. Ce second incident aérien comme lors de la première rencontre en 1948, concerne un objet métallique grand et long, se trouvant dans un rayon de 100 km d'une base ultra secrète de l'URSS. L'objet s'éloigne à ce moment-là vers une altitude supérieure à 15 000 mètres, au-dessus des alentours de la ville de Volsjki (Волжиский), en proche banlieue nord-est de Volgograd (Stalingrad) à 76 km des rampes de lancement de Kapustin Yar. On ne sait pas exactement si cette fois-ci l'Ovni a survolé les rampes de lancement de missiles balistiques puis une zone résidentielle dense au-dessus de l'ancienne ville de Stalingrad, et si le MIG 15, l'a poursuivi sur une distance possible de d'environ 440 km jusqu'au moment où le Mig a dû se poser. Mais c'est la version la plus plausible. Volsk étant hors zone de survols pour essais aériens. Il faut dire que ni dans l'incident de 1948 ni dans celui de 1949, il n'est fait cas de l'existence des installations confidentielles de Kap Yar et Vladimirovka. Le MIG volant à 2445 km/h, parcourt la distance Kapustin Yar -Volsjki, soit 50 km en quelques secondes. C'est pourquoi les spécialistes aéronautiques pensent que le contact final était à Volsjki, mais que la poursuite pouvait avoir commencé plus bas, car l'avion se déplaçait à 200 km par minute. Apraksin enclenche la post combustion pour prendre plus d'accélération et atteindre ce nouveau tube, le concombre volant selon son expression, cette poussée devait fournir l'énergie pour son ascension au-dessus des 19 800 m/min. Il devait monter de 5000 ou 7000 mètres à 15000 mètres. Cette technique de post combustion, consiste à injecter et enflammer, à l'aide de brûleurs auxiliaires, du kérosène directement sur l'arrière de la turbine du moteur. Le mélange des gaz d'échappement du réacteur et de ce kérosène fournit une augmentation de la poussée, mais qui ne pouvait pas être utilisée plus d'une dizaine de minutes, en raison des contraintes thermiques imposées sur les avions militaires. Voici ce que disent les sources russes au sujet de cette seconde rencontre:

6 мая 1949 г. на высоте 15000 м. в районе г. Вольск Саратовской обл. Апраксин увидел похожий аппарат и направил машину к "летающему огурцу". На расстоянии 10- 12 км. На его вновь был направлен сноп лучей ; наступило ослепление, вышло из строя управление самолетом, было повреждено пластмассовое стекло. Нарушилась герметизация кабины. Благодаря защитному шлему, Апраксин посадил машину и потерял сознание.

Le 6 mai 1949 à une hauteur 15000 m dans le rayon de Volsjki, dans la région de Saratov, le MIG vola environ 10 km au nord-est du Centre de Saratov, une petite ville avec des maison à deux étages, avec ses rues terreuses non goudronnées, ravineuses, parfois envahies de troupeaux bovins lors de déplacements, autour il n'y a rien d'industriel ni de terrain d'aviation ni rien qui puisse se rattacher à des équipements militaires. C'est la campagne provinciale profonde qui vit avec lenteur loin de la modernité. Apraksin qui survole la région voit un appareil ressemblant à un tube aux extrémités arrondies, il s'en approche, fait de son mieux, la vitesse maximale qu'il pourrait atteindre en vol droit à une altitude de 12 000 m serait tout au plus de 1070km/h, il s'élève peut-être à 40m seconde. Il lui fait un appel radio qui demeure sans réponse. À une distance de 10 à 12 km. Le MIG aurait parcouru environ 2000 à 3000 m en une minute à une minute trente, des rayons lumineux en sortent, une lumière éblouissante vient sur son avion, malgré son épaisseur de 64 mm, le verre du pare-brise blindé de la cabine cède, se fend. L'habitacle transparent du cockpit épais de 6,5 mm, devient soudainement opaque, il est endommagé par ce rayon lumineux d'énergie inconnue. L'hermétique de la cabine n'étant plus assurée, la pressurisation fournie par le compresseur du moteur ne sert plus à rien, malgré les deux conduites d'air elliptiques reliant l'entrée d'air frontale au compresseur du moteur passant de part et d'autre du poste de pilotage. Le pilote est projeté an arrière sa tête vient se caler à l'appui-tête. Il a toujours en visuel l'objet non identifié dans la partie basse du nez de l'avion, où il dispose d'un viseur collimateur gyroscopique ASP-1N. L'avion répond mal aux commandes et lui-même sent arriver le malaise physique, Il ne pense pas à s'éjecter, il descend, perd de l'altitude, l'ovni s'éloigne, les secondes sont interminables. Le MIG atterri, il lui faut 650 mètres au sol minimum pour se poser, soit plus de 7 fois un terrain de football. C'est dans des prés à pâture que ses roues labourent l'herbe, s'enfoncent dans la terre comme des griffes, il se pose avec lourdeur. En raison du casque protecteur muni d'une arrivée d'oxygène, Apraksin a pu poser la machine mais il perd connaissance au sol. Le pilote se sentait mal, mais il continua avec une grande difficulté, Apraksin fait atterrir son avion de chasse sur un terrain de la rive droite de la Volga, à 40 km au nord de Saratov. Au sol Aprakin perd connaissance et c'est dans cet état que le retrouvent les secours, il est conduit comateux ne se réveillera que bien plus tard à l'hôpital. Encore une fois il y a enquête, avec un expert de Moscou qui ne le croit pas, selon les ufologues adeptes du complotisme, l'ovni tombé en 1948 aurait été transporté sur le fleuve Volga en remontant vers le nord et la capitale Moscou, d'autres disent que l'ovni survolait le site de lancement et que ce n'était pas la première fois, et qu'il se trouve dans les sous-sols d'un bunker à Kapustin Yar. Apraksin passe deux mois et demi à l'hôpital de Saratov puis est muté à Moscou devant une commission médicale spéciale d'experts, qui le place dans un hôpital psychiatrique d'Etat près de Moscou, il y est resté interné en psychiatrie pendant six mois. Il est traité par la thérapie du sommeil, puis des injections d'insuline, ce qui était très douloureux. Plusieurs fois il y avait des gens en blouse blanche, se faisant passer pour des médecins qui venaient l'interroger, il est contraint de répéter de nouveau, inlassablement toute l'histoire. L'insulinothérapie était une méthode servant au traitement des psychoses, et plus particulièrement de la schizophrénie, elle est aujourd'hui abandonnée dans ce qui constitue l'ensemble des traitements psychiatriques modernes. Apraksin survit à une demi année de sommeil provoqué accompagné de calmants, le plus gros de son temps se passe dans un lit à armature métallique, le reste de la journée en pyjama, parlant avec difficulté, marchant péniblement. Les repas comportent de la farine d'avoine, la Kacha, des concombres ogurech, des soupes, des petits pains farcis de viande ou de légumes les pyrojki, du pain de seigle noir borodinsky. Cette méthode de traitement psychiatrique comportait une phase délicate nécessitant la maîtrise du coma insulinique provoqué, ce qui était très dangereux pour le patient. L'abandon de cette thérapie été aisément remplacé par les médicaments neuroleptiques modernes. L'enregistrement de ces entretiens avec les médecins du KGB en blouse blanche est scrupuleusement comparé aux précédents de 1948, les interrogateurs, voulant, apparemment, trouver des contradictions dans ses dires. En raison de la thérapie au bout de six moins de traitement tout est confus. En Janvier 1950, Apraksin fut soumis au comité médical, qui classe invalide du 1er groupe, il a été retiré des cadres militaires, et convoqué à Moscou. Sa sœur habitant à Saratov et sa femme lui rendirent visite lorsqu'il était à l'hôpital de Saratov disant qu'il était parfaitement sain, que l'armée de l'air avait tort et ne devait pas le renvoyer à la vie civile. Il n'est pas considéré rejeté définitif de la Force aérienne, mais seulement transféré à la réserve avec interdiction de vol. A deux reprises dans les années 1950-51, il était au ministère de la Défense, puis au sous-ministre de l'air, mais jamais il ne put obtenir la révision de son dossier et reprendre du service actif. La commission lui répondait à chaque fois la même chose : « Vous êtes surmené, vous confondez la science-fiction avec le monde réel, vous n'êtes pas bon pour le service militaire actif au sein de l'armée de l'air ». Finalement, il est licencié de l'armée en 1953 à l'âge de 30 ans, ses états de service vont de 1941 à 1953, le héros de l'Union Soviétique doit être reclassé dans le civil, il ne sait faire que piloter un avion, ancien élève pilote de l'école de l'air de Tskalove (Чкалове) dans la région d'Orenbourg, les autorités lui attribuent une domiciliation dans la capitale à Moscou, et un travail dans une usine n'ayant plus aucun rapport avec l'armée et la défense nationale. Il décède le 16 mai 1995 et est enterré au cimetière Mitinsko (Митинское кладбище) situé dans le quartier nord-ouest de la ville le long de la route périphérique de Moscou, pas très loin de l'aéroport international Sheremetyevo.

VISITE A ZNAMENSK ET KAPUSTIN YAR

Laissez-moi vous guider, après avoir passé le contrôle de prévôté sous la présence de soldats du bataillon de sécurité в/ч №33763 de Znamensk, je poursuis ma route jusqu'au contrôle d'accès à la barrière d'entrée de la base de Kapustin Yar. Aujourd'hui, cet endroit complètement fermé aux civils et aux soldats est inaccessible sans un laissez-passer spécial pour entrer dans le cosmodrome spatial où furent lancées dans la stratosphère onze ogives nucléaires dans les années 1950. Lyudmila Vorotnyuk (Людмила Воротнюк) à la fois conservatrice du musée et guide conférencière me dévoile de nombreux secrets liés au programme spatial soviétique contenus au Musée des Forces de missiles stratégiques.

(Музей Ракетных Войск Стратегического Назначения полигона Капустин Яр). Très rares sont les occidentaux ayant pénétré dans ce lieu. Des célébrités y ont travaillé comme : Sergei Ivanovitch Korolev (Сергея Павловича Королёв) (1907-1966), Mixail Kusmitsa Yangel (Михаила Кузьмича Янгеля) (1911- 1971), Vladimir Nikolaievitch Tselomel (Владимира Николаевича Челомея) (1914-1984), Pierre Dmitrievitch Gruchin (Петра Дмитриевича Грушина) (1906-1993) et tant d'autres (и многих других).

Sur le territoire de Znamensk est situé un musée unique des Forces de missiles stratégiques, qui comporte les échantillons de tous les missiles produits en Russie. Il est unique, avec des modèles à trois ogives têtes chercheuses, une véritable rareté car 90 % de ces armes furent détruites à l'époque dans le cadre des accords de désarmement nucléaire, aussi Znamensk conserve des prototypes historiques uniques avec des archives photographiques, sur toute l'épopée spatiale et l'ensemble des matériels techniques d'époque. La base est fermée comme un secret militaire bien gardé, cependant, en l'honneur de l'anniversaire de fondation de la base, ce jour uniquement, une partie du voile du secret est ouverte, par exemple, les visiteurs sont autorisés à visiter le saint des saints, le poste de commandement. Au moins 11 explosions nucléaires ont été réalisées depuis 1950 à Kapustin Yar, équivalent à 65 bombes atomiques du type largué sur Hiroshima, à une altitude de 300 m à 5,5 km. En plus des essais nucléaires lancés à Kapustin Yar, furent lancés jusqu'à 24.000, mais aussi des missiles guidés, et testé 177 échantillons de matériel militaire, fait exploser 619 missiles SS 10. Situé sur l'immense écran vous pouvez regarder tous les sites d'essais d'enfouissement, y compris les emplacements nucléaires. On sait que depuis

1950, 11 explosions nucléaires furent réalisées ici cependant aucune trace n'est aujourd'hui enregistrée sur les dosimètres fournis aux visiteurs, et pour cause les missiles longue portée devaient atterrir au Kazakhstan ou exploser dans la stratosphère. J'apprends que depuis octobre 47 à octobre 1948 s'y est développé le programme des V2 allemandes, puis les tests du 3 Janvier 1955 (R11FM), le 20 Janvier 1955 (P-5M), le 2 Février 1956 (R-5M), le 22 Juin 1957 (P-12), Mars 1959 (F-13, 6 Juillet 1960 (P-14), 11 Février 1962 (P-14 U).

Les observations reprises dans les rapports du KGB, font l'objet d'un courrier comportant dix-sept cas, dont les résumés furent adressés dans une lettre du 24 Octobre 1991 au cosmonaute Pavel Popovich, alors président de l'Association d'Ufologie de Toute l'Union Soviétique. Il reçut un dossier bleu du KGB accompagné d'une lettre d'un général du KGB. Les auteurs des témoignages qui figurent dans les pages du dossier sont surtout des militaires de haut rang. Alors il ne peut être question de plaisanteries et de canulars. Et qui pourrait plaisanter avec la toute puissante Loubyanka. Bien sur les évènements de Kapustin Yar survenus le 28 juillet 1989, laissent sans voix, après lecture du dossier d'enquête. Passé minuit des ovnis lumineux survolent les dépôts de missiles à environ 300 mètres du lieu d'observation, à une hauteur d'environ 20 mètres environ avec des flashes comme faits par des appareils photo, le corps inconnu, dégageait une lumière vert terne, semblable à une lueur de phosphore dans l'obscurité. Le sujet était un disque avec une demi-sphère au sommet. Le diamètre du disque d'environ 4 à 5 mètres. L'objet est retourné aux installations de stockage de fusées et a plané sur elles à une hauteur d'environ 60 - 70 mètres. À 1h30, il vole vers la ville de Akhtubinsk et disparait de vue. Les observations sont rapportées par l'enseigne Volochin Valeryi Nikolayevitch (прапорщик Волошин Валерий Николаевич), le soldat Tischaev Dmitry Nikolaïevitch, le premier lieutenant Klimenko. C'était comme une boule de feu qu'il était difficile à regarder, elle s'est élevée vers le ciel, selon le témoin le soldat Kulik : « L'objet lumineux avait la forme d'un cigare » fin de citation. L'objet ne fait aucun bruit, émet une lumière éblouissante dans la nuit puis reste stationnaire au-dessus de bâtiments contenant des ogives nucléaires, et il utilise un rayon lumineux comme un projecteur sur les bâtiments et le sol. L'objet se déplace vers le Sud-Ouest, clignotant de différentes couleurs, vers Akhtubinsk, un lieu connu de tous pour être supposé contenir une base souterraine secrète soviétique où se trouveraient des objets volants capturés ou des pièces détachées dans une espèce de sous-sol aménagé en bunker voire un labyrinthe du même style que les bunkers lance-missiles enterrés dont l'Union Soviétique s'est équipée pour contenir les missiles balistiques à lancement vertical. Plusieurs ovnis furent observés, un vers le sud qui essayait de s'élever dans les airs mais qui n'y parvint pas, un énorme qui arriva si vite que les personnes présentes ressentirent le souffle physiquement avant de le voir stopper net. Ainsi, il y a déjà deux ovnis sur la base, le premier, qui a volé sur les unités militaires secrètes, et le second, au sud qui voulait se lever du sol, mais ne le pouvait pas. Et ces ovnis se perdent en direction d'Akhtubinsk (Ахтубинск), cela fut si sérieux que le KGB plaça ce dossier en tête des affaires non élucidées concernant des objets volants non identifiés en URSS. Finalement les observations firent cas de sphères ou boules, d'une soucoupe volante et d'un cigare volant non identifié au-dessus d'une base top secret dont la CIA avait fait sa cible principale pour ses missions d'espionnage photographique aérien, on retrouve trace de ces survols dans les documents déclassifiés de la CIA rendus publics de nos jours. Le même article parle du cosmonaute deux fois Héros de l'Union soviétique, le Major General d'aviation Pavel Popovitch (Павел ПОПОВИЧ) :

« J'ai vu un ovni une seule fois, je me souviens de l'histoire, c'était dans l'avion, qui volait de Moscou à Washington, tout à coup, il y avait un triangle lumineux dans notre champ de vision. Pendant un certain temps il volait près de l'avion à environ 1000 kilomètres par heure, puis sans aucun effort prit les devants et disparut. J'ai envoyé une requête au KGB, et n'ai été reçu aucune réponse ».

Pavel Romanovitch Popovitch (Па́вел Рома́нович Попо́вич) est décédé le 29 septembre 2009, médaille master de sports en 1962, deux fois décoré héros de l'Union Soviétique 1962 et 1974, commandeur de l'ordre pour services rendus à la patrie 2000, ordre pour l'honneur 1994, deux ordres de Lénine, ordre pour l'amitié entre les peuples, ordre de l'étoile rouge 1961, médaille pour le développement des terres vierges en 1962, médaille pour renforcer la coopération militaire 1985, ainsi que neuf autres médailles commémoratives à titre personnel, ordre de héros du travail de la République Socialiste du Viet Nam 1962, Ordre ukrainien du prince Yaroslav Mudrogo 2005, médaille cubaine pour les 30 ans de la Révolution, médaille bulgare pour la fraternité des armes, médaille pour les 30 ans de la libération de la Tchécoslovaquie, médaille pour le 30 anniversaire du Ministère de l'Intérieur bulgare, médaille des 25 ans de l'armée populaire Bulgare et de nombreuses distinctions civiles. Il est historiquement reconnu comme le premier cosmonaute de l'histoire à avoir vu un ovni. Il vécut les dernières années de sa vie dans le Village des Etoiles où résidaient également 36 anciens cosmonautes et leurs familles, près de Moscou. De fortes apparitions de triangles lumineux en Russie comme en Europe défrayèrent les journaux. L'évolution de sphères lumineuses d'énergie à déplacement intelligent c'est-à-dire qu'elles peuvent léviter au ralenti en faisant aussi du sur place, monter en l'air ou descendre, se poser, envoyer un rayon lumineux comme un projecteur, dévier presqu'à angle droit en volant à grande vitesse, est un phénomène qui s'est reproduit à Volgograd, Saratov, Kapustin Yar, et Medveditsa. La plus forte concentration de ces survols de sphères lumineuses eut lieu entre 1960 et 2000, sur une période de 40 ans. Le 23 avril 2008 le cosmonaute Dumitru Prunariu donne une interview au journal roumain Gardianul, il est le 103e homme à être allé dans l'espace, au travers du programme Intercosmos de 1978. Après 3 années de préparation, il effectue le 14 mai 1981, un séjour dans l'espace à bord d'une fusée Soyouz 40, puis a bord du laboratoire spatial Salyut 6, en compagnie notamment du cosmonaute russe Leonid Popov. En février 2007, il se retire du ministère de la Défense avec le grade de général deux étoiles de l'Armée roumaine, Dumitru déclare : « un collègue russe a vu deux vaisseaux ovnis volant de façon parallèle à la navette spatiale durant une expédition, qui disparurent après un moment. Il reporta l'incident auprès de ses responsables, qui eurent seulement une réaction négative, et lui rappelèrent qu'il avait été envoyé dans le cosmos pour des buts scientifiques. On demanda ensuite à l'homme de ne pas rapporter l'incident à qui que ce soit, il a même été menacé d'être exclu des prochains programmes de vols. A chaque fois que des journalistes lui ont parlé de l'incident, il a nié l'événement », fin de citation. En 1989 neuf ovnis quittèrent la Roumanie qu'ils survolaient pour se rendre un quart d'heure plus tard sur Volgograd et la base de Kapustin Yar. Dumitru Prunariu témoigne :

« Dans un cas qui s'est produit en Roumanie avant 1989, le service de la station militaire d'aviation de la base de Kogalniceanu, où se trouve une unité américaine de l'Otan de façon permanence, rapporta avoir observé une formation de neuf objets volants qui se déplaçaient à une vitesse très rapide dans le ciel. Les calculs du radar montrèrent que leur vitesse était aux alentours de 6000 km/h. Les objets brillants disparurent après la Mer Noire, vers la Russie. Une telle vitesse ne peut être atteinte par un avion ou un missile, qui serait alors désintégré, ainsi la vitesse n'aurait pas été constante tout le temps. L'incident n'a pas pu être expliqué. Il se peut que la Terre, soit constamment contrôlée depuis l'extérieur par une civilisation plus avancée, mais au moins ils le font discrètement, ne souhaitant pas interférer avec la vie sur Terre », fin de citation.

A la suite de cela est survenu l'incident du 28 Juillet 1989, dans la zone de Kapustin Yar où deux unités militaires les ont observés à respectivement 45 et 30 km au nord-est de la ville de Znamensk, en dehors des militaires des résidents observent aussi quelque-chose, ainsi un retraité suit le vol de sphères volantes depuis son balcon, monsieur Tissen (Я. И. Тиссен). Cette vague d'ovnis va aussi survoler la ville de Voronej, située à 320 km au sud de Moscou, le 27 Septembre 1989. Depuis plusieurs semaines déjà les habitants rapportaient l'observation d'étranges lumières nocturnes dans le ciel de la cité. Vers 18h30, ce 27 septembre 1989, un ovni se pose dans un parc de la ville, puis repart. L'agence de Presse soviétique TASS relaie alors l'information. Les Komsolskaya Pravda et la Pravda, la reprennent, et le monde entier s'empare de cet évènement qui reste l'un des plus marquant de l'ufologie moderne, et qui entre dans l'un des rapports officiels que le KGB rend public trois ans plus tard en 1991.

ZHITKUR

À la frontière des régions d'Astrakhan et de Volgograd, dans le district de Sredneakhtuinsky se situe Zhitkur (Житкур (Астраханской и Волгоградской областей). Le chemin d'accès qu'empruntent la plupart des touristes russes pour se rendre dans ce territoire super-secret, passe par la base de Kapustin Yar, qui a suscité nombre de livres et films, par le nord-est de la base depuis le lac Elton. Cela est dû en raison de l'engouement des curistes pour les bains de boues dans le lac Elton et plus au sud celui de Baskunchak. Aussi depuis 1998 beaucoup n'hésitent pas à traverser la steppe en 4x4 pour se rendre à un endroit où on croyait qu'il y avait des entrepôts souterrains avec des débris de vaisseaux extraterrestres « Zhitkur ». Version actuellement démentie par certains ufologues Russes. Le lac Elton est l'un des endroits naturels les plus insolites de la région de Volgograd. C'est une véritable merveille naturelle, joyau des steppes de la Volga, le plus grand lac salé d'Europe s'étendant sur un terrain plat de 152 km2. Il est difficile de trouver un endroit similaire à Elton en matière de beauté et de diversité paysagère, lac peu profond, plages, terres salines, pittoresques estuaires fluviaux, ravins, vallées etc. Le Lac Elton est proche de Zhitkur à 29 km seulement, la ville abandonnée et rasée. Au sud du lac se niche le hameau de Priozerny (Приозерный) à environ 37 km de Zhitkur, c'est par cet accès que des ufologues parvinrent à plusieurs reprises dans la zone d'exclusion qui détiendrait un ensemble de bunkers à une profondeur de 400 m dans un endroit sous Kapustin Yar longtemps localisé dans ce fameux village de Zhitkur. Complètement à l'Est de la steppe de 650 km/2 de la Zone 51 Soviétique de Kapustin Yar, la fameuse base expérimentale qui demeura secrète durant longtemps, se trouve ce Lac Elton. C'est aussi un autre lieu sous lequel on peut enfouir ce que l'on veut et qui passera inaperçu à toutes les observations des satellites espions, car on ne peut rien voir du sous-sol du lac par les moyens techniques dont on dispose. Il est bordé dans sa circonférence d'une large bande de cristaux de sel pailletés dorés étincelants, comportant des plages, escarpements, ravins dans une grande diversité de paysages. Le Lac Elton (Эльтон) (49° 08′ nord, 46° 40′ est) est rendu imperméable aux observations aériennes et Satellites en raison d'une épaisse couche de sel, son altitude est de 18 m au-dessous du niveau de la mer. L'immense bassin du lac Elton est rempli par une eau de couleur or-rose en plein milieu de nulle part dans les steppes du désert. Situé à l'ouest du lac Elton et au nord du cosmodrome de Kapustin Yar, s'étend la zone que les habitants appellent Mars (Марс), Les résidents locaux parlent souvent d'ovnis qui planent au-dessus de ce territoire que les ufologues globalisent avec l'ancienne ville de fantôme de Zhitkur toute proche. Revenons au milieu des années 90, des ufologues amateurs, et un en particulier, Afanov, théorisent l'existence d'un lieu secret derrière des rangées de barbelés sur lesquels passe le courant. On y trouverait environ une douzaine de grands hangars, mais une chose est encore plus intéressante à Zhitkur, des constructions souterraines dans la partie nord-est de la base, serait enterré un complexe militaire secret autonome avec toutes les mesures de précaution imaginables, pour protéger des fragments et des structures entières d'OVNIS stockées et étudiées pendant 60 ans, depuis 1948. Longtemps, des ufologues Russes et Ukrainiens soutiennent dans des ouvrages et reportages, que les hangars et Bunkers de Zhitkur, renferment des fragments d'OVNIS, des navires spatiaux entiers capturés suite à des écrasements au sol en territoire de l'URSS et dans les pays du Pacte de Varsovie. Le bunker souterrain comprendrait dépendances de vie et laboratoires, coursives et tunnels ferroviaires, une salle d'au moins cinquante mètres, abriterait cinq engins volants, dont deux soucoupes, un engin assez long en cigare tenant sur toute la longueur de la pièce, puis dans un coin un engin exotique plus aérodynamique surnommé le Dauphin. La presse occidentale, les médias, l'internet et le cinéma s'y sont penchés. Aujourd'hui Il n'y aurait plus de traces d'accès à ces hypothétiques structures souterraines, systèmes de ventilation ou de communication, routes et chemins de fer qui aurait comporté une ligne de 3,5 km, voire un accès entre la gare d'Elton Zhitkur, s'il y a eu quelque chose, toute la ville a aujourd'hui disparu. Il y a eu des ovnis sous Zhitkur, ou en tout cas des objets volants dont on ne désirait pas que le monde en prenne connaissance, cet endroit contient de terribles secrets, nombreux mystères que l'on ne peut mettre en doute. Lorsque 20 ans après sa destruction, les ufologues s'intéressèrent à cet endroit dans les années 2000, le sous-sol comme la surface avait été détruit, tout ce qui s'y trouvait enseveli dans la terre, ou peut-être pas totalement…Quelqu'un visait délibérément à effacer toute mention de la ville de Zhitkur de la face de la terre ? Mais pourquoi ? La base de Kapustin Yar fut survolée au premier semestre 1953 par un avion espion de l'OTAN, un Canberra de la RAF - Canberra PR3 WH726. Le Canberra décolle de la Base Aérienne de Giebelstadt, en Allemagne affrété par la CIA, le vol hautement secret, survole la Volga en direction de la mer Caspienne, puis atterrit à Tabriz, en Iran. Il fait partie d'une première mission d'espionnage aérien suite aux déclarations et au débriefing des scientifiques allemands rentrés chez eux en fin de captivité après avoir participé aux recherches sur les fusées et missiles soviétiques issus de la technologie allemande prise à l'ennemi en 1945. Le lancement de la première fusée date du 18 octobre 1947, une fusée Articul T V 2, sous la supervision du Lieutenant Général Vasily Voznyuk, une des 11 fusées assemblées et disponibles réquisitionnées aux allemands sur les rampes de lancement destinées à bombarder Londres. Cinq ans et demi plus tard le site est survolé, photographié par les occidentaux et comme par un curieux hasard, cette même année 1953, une première évacuation massive avec destruction partielle de Zhitkur a lieu. Plusieurs sources donnent une grande évacuation en 1953 deux autres en 1983 puis 1985. En 1998 dans le village voisin de Loshine, il restait juste une dernière maison, un couple de personnes âgées, l'homme et sa femme y vivaient sans commodités, sans électricité, ne sachant pas où aller. Si vous questionnez les autorités sur Zhitkur, il y a un poste d'observation militaire radio pour suivre les lancements orbitaux mais personne d'autre ne se trouve ici depuis 1953 ou 1980, les versions divergent. Des témoins oculaires se souviennent de ce qu'était Zhitkur en 1992 : « Dix douzaines de vieilles maisons », la moitié d'entre elles sont vides. Sur deux ou trois maisons, des slogans soviétiques fanés. La seule attraction était ici un magasin, où une fois par semaine, les cultivateurs apportaient des produits issus de la « 31e ferme militaire », et pouvaient acheter quelques denrées avant de repartir. En 1992 on comptait 120 maisons et hangars parfaitement debout. Les ufologues n'ont pas menti, cela prouve que tout n'a pas été rasé en 1953, 1983 ou 1985, mais lorsque les plus curieux s'aventurent sur le site, et réalisent les premiers reportages photo en 1998, il n' y a plus rien, cette fois-ci, tout a été enseveli, recouvert de terre par des bulldozers, cela se reconnait, car une ville avec des ruelles plates et rectilignes s'est transformée en un amoncellement bosselé de terrils, par endroits le sol est stérile, de couleur marron, à d'autres, des petites herbes vertes. On n'a pas seulement évacué ou démoli la ville, pour ne laisser que des ruines de structures explosées volontairement de la main de l'homme, les autorités ont enseveli sous la terre un village perdu au milieu de la steppe et qui ne servait à rien. Désormais les curieux du monde entier ont abandonné l'idée du bunker secret, et c'était le but recherché. Ainsi finit Zhitkur, l'ancienne ville paysanne près du village de Loschina, dans la région de Volgograd, appartenant au site d'essai Kapustin Yar. Les deux implantations Zhitkur et Loschina, n'existent pas officiellement depuis le début des années 1980, seules les fondations détruites des maisons sont restées perceptibles sous l'herbe. Selon les témoignages de retraités, les bâtiments résidentiels étaient fonctionnels de 1948 à 1979, on retrouve des témoignages qui attestent formellement de la vie sociale qui s'y déroulait en 1992 soit 39 ans après qu'officiellement toute la population ait été transférée ailleurs. S'il n'y a plus de secrets là-bas, plus on creuse sur les dates et ce qui s'y est passé, et plus on entre dans la confusion. Dans le centre de Zhitkur s'élève un monument aux héros qui sont tombés dans les batailles pour le pouvoir des Soviets pendant la guerre civile. Une plaque énumère les noms de 66 personnes, habitantes de la ville de Zhitkur, tuées par les gardes blancs le 5 mars 1919. Le monument trop vieux, à la mémoire des combattants rouges par le régime soviétique est a 50 du poste d'observation militaire, un obélisque au socle carre en briques avec 17 noms sur la stèle, figure au centre d'un terrain ceinturé d'une clôture en ferraille carré. Le socle est régulièrement repeint à la chaux, ce qui démontre qu'il est entretenu malgré les 100 ans écoulés. Un petit lac avec des eaux grises reflète la clarté du ciel au milieu d'une terre sèche, non loin du monument, à la périphérie Zhitkur, le vieux cimetière remontant au moins aux années 1900 et dans lequel on trouve à la fois habitants et anciens détenus de camps Goulag, des travailleurs ayant participé à la construction de Kapustin Yar en 1948-1950. Des dates sont lisibles, permettant d'affirmer que de 1930 à 1980, il y eut une vie sociale active ici. Plus symbolique et épouvantable encore, au sol, plusieurs dizaines de vieilles croix saillantes, dont certaines sont fabriquées à partir de matériaux de récupération improvisés. Pour des inhumations à la hâte ? Mais dans la précipitation de quoi ? Toutes ces pauvres vieilles croix sont assemblées à partir de matériaux de rebut, improvisés à la maison, morceaux de tube, de barres de métal, parfois sur des croix une étoile, sans doute pour un komsomol non chrétien. Il y a quelques noms gravés, mais surtout seulement des initiales avec la date de la mort, dans la période de 1937 à 1952. En lisant les dizaines de noms et d'initiales, on se rend compte qu'il s'agit pour la plupart de femmes, où sont les hommes ? Certaines des croix sont tellement rouillées, que vous ne pouvez pas lire beaucoup plus, elles se désagrègent couchées au sol. Une inscription de nom féminin concerne une jeune fille décédée à l'âge de 19 ans en 1952. Le village, aujourd'hui détruit, est niché dans le sud du district moderne Pallasovsky (Палласовский район) de la région de Volgograd, à 28 km au sud-ouest du lac Elton. C'est ainsi qu'il fut rattaché lors de sa fondation en 1840 à Pallasovk district de la région de Volgograd, le centre administratif Romashkovskogo comme petit bourg d'habitat rural. Zhitkur Житкур), 48°57'14.5"N 46°15'44.2"E. Le nom du village est d'origine Kazaque, provenant du premier habitant qui était natif du Kazakhstan, monsieur Jytkyr. Le village nait en 1840. Dans la liste des zones peuplées de l'Empire russe des années 1861 à 1865, Zhitkur s'appelle Khurotom (хутором), littéralement le « petit village russe sans église ». A Zitkur avant 1861, on construisit 60 maisons où résidaient 410 personnes, selon le recensement général de la population de l'Empire Russe de 1897, le nombre des habitants monte rapidement à 2857 personnes. La petite ville obtient enfin son église consacrée à la sainte vierge de la nativité, construite en 1894, dont le clocher fait 19 mètres de haut. Le 5 mars 1919, l'armée blanche Tsariste de Sabinin entre dans le village procédant à l'arrestation de 66 rouges par l'armée blanche, et en tue 29. Un monument à leur mémoire est érigé en 1921 sous forme d'obélisque. Il s'y trouve toujours en parfait état en 2018. De

1928 à 1935, le village faisait partie de la région de Vladimir du district d'Astrakhan, comté aboli en 1930, devenu territoire inférieur de la Volga en 1934 région de Stalingrad. Par décret du Présidium du Comité exécutif régional de Stalingrad, le 19 Août, 1935 № 3254, le village de Zhitkur est devenu un bourg de la zone du lac d'Elton (Эльтон). Dans les années 1930, le journal local Kolkozes de la Steppe (Степной колхозник), publie l'existence de grandes fermes collectives, portant le nom : Boudennogo (Буденного), entre 1930 et 1950, un second kolkoze du nom du Chemin d'Ilitch est organisé (Путь Ильича) de 1930 à 1946, puis le dernier à voir le jour sera le kolkoze Banniere Rouge (Красное знамя) qui exista de 1936 à 1948. Il y avait tout autour des éoliennes, des moulins à vent, témoignant de plantations céréalières destinées au blé à pain. En 1930, par représailles des tchékistes arrêtent les personnes lors des purges staliniennes, les recensements qui suivent de 1935 à 1963 chiffrent 1886 habitants. En 1939, la ville compte 2676 personnes. Pendant la Grande Guerre patriotique (1941-1945), environ 360 villageois sont tués ou portés disparus. La ville qui en trente ans a vu progresser sa population par sept, redevient un petit village dont la moitié des résidents est déportée aux Goulags, ou expédiée combattre sur le front. À l'été 1942, près du Zhitkur, situé à l'arrière du front sud-est, un aérodrome militaire est construit en un temps record. Un hôpital militaire est établi dans le village. Dans les jours d'été troublants de 1942, sur le territoire des villages du district Elton, Kochergin, Mars, Vishnovka, Elton et Zhitkur, il est déployé 5 terrains d'aviation ayant nécessité 17 966 journées de travail réparties sur un nombre de travailleurs dont on ne connait pas la quantité exacte, on sait toutefois que la construction des aérodromes s'achève en seulement 45 jours. Selon la décision du Comité de défense de l'Etat, six voies de chemin de fer sont posées sur le territoire du district, en seulement un mois pour 1942, ce qui a doublé la capacité du chemin de fer Saratov au lac de Baskunchak. Les habitants de Zhitkur prennent une part active dans cette construction. Par décision du Conseil des ministres de l'URSS du 13 mai 1946, la base secrète de Kapustin Yar est officiellement fondée. Le village de Zhitkur tombe dans la zone d'exclusion secret défense, certains de ses habitants civils sont évacués vers d'autres colonies du district Pallasovsky (Палласовскому району) de la région Sud de Stalingrad. Selon des retraités locaux, il y avait encore trois fermes collectives autour de Zhitkur en 1946 avec aussi le haras n°47 renfermant des chevaux pur-sang. En 1946 le nettoyage du territoire commence, il se dit que les anciens se souviennent d'une steppe nue en 1947, la ville de Zhitkur est rasée. L'encyclopédie officielle de la région du Kazakhstan Ouest indiqué que, dans le cadre de la création du terrain d'essai militaire de Kapustin Yar, une partie du territoire de la région Urda a été donné convertie en zone militaire en 1947. Ce territoire devait être complètement propre, les gens parqués dans des trains de marchandises sont autorisés à prendre avec eux quelques effets personnels, plus de dix mille personnes ont été réinstallées de force dans la région sud du Kazakhstan. Ensemble avec la population, sont transférés les animaux de la ferme, qui ont immédiatement commencé à mourir par la suite dans les wagons, en l'absence d'eau par un climat très chaud. Beaucoup tentent de rentrer chez eux, ils se réinstallent illégalement dans d'autres villages de la région, selon un vétéran de la Seconde Guerre mondiale âgé 93 ans Mukhtar Azhgulov, originaire d'Urda. Si on consulte d'anciennes cartes militaires, Zhitkur, est noté comme une colonie, c'était à un moment donné, un camp Steplag Goulag, dont la dernière ferme collective fut fermée en 1950. La légende du Bunker de Zhitkur, commence avec le hangar secret n°754, celui-ci aurait plus de 150 m de long et contiendrait 5 ovnis entiers récupérés, le second hangar de 74 m contiendrait les pièces et morceaux issus de divers crashs. Mais en 1998, les civils qui s'y aventurent, trouvent terre de désolation bosselée, maladroitement nivelée, les décombres méticuleusement concassés, sont recouverts d'herbes jaunies. Quand on connait le nombre de villes, usines, installations et bases militaires laissées en état d'abandon intactes depuis la chute de l'URSS en 1992, on peut se demander en quoi gênait le village ? Et pourquoi justement il a fallu faire tout disparaitre de cet endroit très précisément ? Pour certains experts rien ne serait impossible, en effet, de telles constructions sous la terre ont déjà été créés en creusant des montagnes de roche à Balaklava, Yamantau, et ailleurs. Une installation souterraine massive existerait dans les montagnes de l'Oural sur la montagne de Yamantau, à 5 kilomètres à l'est de la ville de Mezhgorye. Bien que la taille réelle de l'installation soit inconnue, on dit qu'elle s'étend sur plus de quatre cent mille mètres carrés. La Russie serait experte en ce type de créations souterraines. Le 16 avril 1996, le New York Times fait état d'une mystérieuse base militaire en construction en Russie, on pense que ce complexe souterrain, est assez grand pour accueillir 60 000 personnes, avec un système spécial de filtration de l'air conçu pour résister à une attaque nucléaire, chimique ou biologique. On pense que suffisamment de nourriture et d'eau sont stockées sur le site pour soutenir toute la population souterraine pendant des mois. Les occidentaux estiment qu'il a fallu près de 10 000 travailleurs pour achever le complexe de Yamantau, situé à proximité de l'un des derniers laboratoires d'armes nucléaires russes, Chelyabinsk-70, laissant supposer qu'il pourrait abriter un dépôt nucléaire, une base de missiles, un centre secret de production d'armes nucléaires, un laboratoire énergétique dirigé ou un poste de commandement enterré. Quoi qu'il en soit, Yamantau est conçu pour survivre à une guerre nucléaire. Les Russes érigent deux villes entières sur le site, connues sous le nom de Beloretsk 15 et

Beloretsk 16, interdites au public, chacune avec 30.000 travailleurs. Aucun étranger n'a jamais mis les pieds près du site. Un attaché militaire américain stationné à Moscou fut refoulé lorsqu'il tenta de visiter la région. On considère depuis 1992 que ce complexe est le plus grand projet de sécurité nucléaire au monde. Il y a de très grandes voies ferrées à l'intérieur et à l'extérieur, avec d'énormes pièces creusées à profondément dans la montagne pour résister à une demi-douzaine de coups nucléaires directs. Leonid Akimovich Tsirkunov, commandant de Beloretsk-15 et de Beloretsk-16, déclare en 1991 et 1992 que la construction a pour but de construire un complexe minier pour le traitement du minerai, qu'il s'agit d'un entrepôt souterrain pour la nourriture et les vêtements. Le commandant en chef des forces stratégiques des fusées, le général Igor Sergeyev, nie que l'installation soit associée à des forces nucléaires.

Dans ces bunkers, la liste des captures d'ovnis par les Russes serait assez conséquente, un ovni récupéré en 1948, un autre de diamètre 9 m récupéré entre le Kirghizistan et la frontière avec la Chine, un de forme discale récupérés en Afghanistan en novembre 1988 durant la participation Russe à la Guerre en guerre Afghanistan de 1979 à 1989, un ovni encore, un disque de 12 m de diamètre récupéré dans les montagnes du Caucase à Prodavnica, un en forme de cigare long de 35 m et haut de 6 m récupéré dans la région d'Astrakhan en 1960, un en forme de dauphin avec un aileron dorsal récupéré en 1987 au Nord de la Russie. A consulter sur ce sujet les articles concernant le 6 mars 1983 relatant Ovni dans le Caucase, (НЛО в Кавказе), une chute au sol d'engin volant non identifié, très similaire à une autre de 1985. Dans le hangar adjacent des morceaux d'épaves et aéronefs suite à des crashs, un fragment de métal en forme de poisson raie Manta récupéré en 1978 au Kazakhstan, un autre fragment très argenté provenant de Sverdlovsk au Nord du Kazakhstan dont les scientifiques déterminent qu'il fait partie d'un disque de 26 m de diamètre pesant 15 tonnes, un autre fragment du 18 août 1960 au Kazakhstan, les différents fragments proviennent de plusieurs crashs d'ovnis, de technologies différentes, de civilisations de type humanoïde distinctes. Plusieurs ufologues russes se sont cassé les dents sur ce fameux Bunker 754, au point où après 20 ans d'affirmations, certains changent d'opinion, affirmant désormais qu'il n'y a plus rien à Zhitkur ni à Kapustin Yar, ni à Kapustin Yar 1, la ville, qui est rebaptisée depuis 1962 Znamensk. Il s'agit d'une ville remplie de civils et de militaires très contrôlée, à statut fermé, c'est-à-dire que pour les étrangers l'on y entre et on en sort avec des autorisations spéciales délivrées par les services de renseignement Russes, le FSB. Chaque demande est examinée avec attention, très peu de laisser passer Propusk sont donnés. Ils sont à présenter systématiquement aux postes de contrôle de la police et check points militaires tenus par l'unité n°33763 en charge des servitudes de garde (en 2016). La ville sort de terre tardivement, de 1946 à 1948, les logements de tentes et baraquements sont de mise à même la steppe de la base, orientée côté Est de la rivière Volga. Selon les habitants ce n'est qu'en 1949 qu'apparaissent les premières habitations finies, la ville n'a pas de nom encore, la base est Kap Yar. Les casernements, bâtiments administratifs, les prémices de la ville voient le jour en 1951. Chaque année, quelques maisons de plus, furent construites selon des conceptions modernes de leur temps, principalement des immeubles à deux étages ou des maisons basses. En 1962 la ville est rebaptisée Znamensk, présentant une architecture de faible hauteur en comparaison avec les grands immeubles bétonnés de Volgograd, faisant un peu village provincial. Elle se situe à peu près à 6 m au-dessus du niveau de la mer, éloignée de 350 km de la capitale régionale Astrakhan, au sud et à 44 km de la ville la plus proche Leninsk. Le 3 juin 1960, deux objets volants se sont écrases a Kapustin Yar, des sphères lumineuses créent une réaction en se déplaçant, une boule de feu en expansion, provoque des explosions en chaine, un ovni détruit trois fusées sur leurs pas de tir, le second continue son vol et entre dans un entrepôt de combustible, il y aurait des restes de l'objet. L'un des ufologues les plus connus de la Russie Vladimir Ajaja découvre une zone elliptique dans laquelle il déclare qu'un engin extraterrestre tomba à terre en 1961. Les animaux évitent la région, les énergies étranges affectent le pouls et la respiration. Une résidente locale, Zoya Shubenkina, corrobore l'histoire d'Ajaja au sujet de l'accident de 1961, affirmant qu'elle en fut elle-même témoin. Elle précise qu'une grande boule de feu rouge survola sa maison et s'écrasa dans la vallée de la rivière près de Znamensk. Lorsque des avions espions U2 Américains photographièrent le complexe de Kapustin Yar, il y avait au moins quatre sites de lancement balistiques, quatorze plateformes de lancement, un centre de suivi radar très sophistiqué, trois longues pistes et de nombreux domaines identifiés. Et il y avait aussi d'étranges motifs géométriques sur le sol. Beaucoup de chercheurs d'OVNIS croient que ces conceptions attirent les OVNIS et sont modelées sur les anciens glyphes que l'on trouve dans le monde. Quoi qu'il en soit ces dessins au sol existent ici, de même qu'à la base de la zone 51, une aire géographique du Nevada aux États-Unis bien connue pour ses mystères. Pourquoi les militaires ont-ils dessiné des glyphes sur le sol ? Pourquoi ont-ils enseveli Zhitkur ? Pourquoi ont-ils acheminé les gravats à des kilomètres de là, au lieu de tout laisser sur place en plein désert ? Peut-être que suite à cela, quand on ne voit plus rien, on pense que rien n'a existé, alors que Zhytkur fut une ville de 4 000 habitants au siècle dernier et aurait dû compter trois fois plus de résidents après la guerre.

PLUIE DE METEORITES 1922

En hiver 1922, au mois de décembre, les habitants de la région d'Astrakhan ont été témoins d'un phénomène étrange, une pluie de météores, les habitants parlèrent d'une douche de météorites. Dans l'actuel district Leninski de la région de Volgograd, de nombreux témoins observèrent la pluie de météorites comme une pluie d'étoiles célestes. Ce fut la plus importante pluie de météorites jamais enregistrée dans toute l'histoire de la Russie. Une légende à ce sujet s'est répandue dans tout le pays, les gens attribuaient des propriétés miraculeuses aux petites météorites qu'ils ramassaient. La masse totale des fragments qui fut récoltée sur une surface de 15 kilomètres carrés, s'élevait à 1225 kg. Une météorite d'une grande taille aurait été vue descendre lourdement mais personne ne pouvait le trouver. Le musée géologique et minéralogique de l'Académie des Sciences offrit une compensation monétaire de 100 roubles or, équivalent à une récompense de 2,5 milliards de roubles de 1921, à la personne qui le trouverait. Mais durant près de quarante années, les champs furent labourés pour les récoltes et personne ne trouva l'objet tant convoité. En 1968 lors du labour dans un champ du village de Tsarev les paysans trouvent enfin le météorite pesant 284 kg. La première personne qui informa le kolkoze de la découverte, était la soudeuse Nikiforov. Elle s'intéressait à l'astronomie et aux météorites et c'est pourquoi des pierres inhabituelles découvertes par des conducteurs de tracteur lui semblaient inhabituelles. L'échantillon fut envoyé du village de Tsarev à Moscou, ainsi que des fragments plus petits, par Mme Nikiforov, mais le gouvernement ne lui remit jamais la récompense promise. La météorite est désormais dans un musée Moscovite.

VOLGOGRAD OVNI PRINTEMPS 54

Un rapport déclassifié de la CIA relate l'observation d'ovnis se déplaçant rapidement au-dessus de Volgograd.

Au printemps 1954, un citoyen Russe en convalescence dans un hôpital militaire proche de l'usine de munitions militaires Barrikadi 4948K - 4432 Y témoigne :

« Au printemps 1954, je fus hospitalisé pour une jaunisse (Hépatite B), dans un hôpital militaire proche de la Fabrique de Munitions Barrikadi. Au cours de ma convalescence j'ai observé en deux occasions, de même que d'autres patients de l'Hôpital, le vol d'un objet inconnu d'un bout à l'autre de l'horizon, volant Sud-Est/Nord-Ouest. Cet objet semblait être en train de s'élever. Je ne peux le décrire, mais autant que je me souvienne, il mit approximativement une minute à quitter mon champ de vision. Il provoqua d'énormes vibrations dans l'air et émit un bruit aigu sifflant, différent de celui fait par un obus d'artillerie en vol », fin de citation. L'usine se trouvait presque au bord de la Volga, au nord-est de l'Usine Octobre Rouge, face à l'île Denejnyi, au sud de la Gare de Volgograd, à quelques mètres de la station de métro Pionerskaya. Barricady (Баррикады), qui fut une entreprise de construction de machines dans le centre-ville de Volgograd, spécialisée dans la production de produits de l'industrie pour la défense. L'usine a été fondée en 1914 sous le nom d'Usine d'armement du Tsar (Царицынский орудийный завода), Dans les années 1920, elle a été rebaptisée Usine de Machine-outils de Stalingrad Barrikady (Сталинградский машиностроительный завод - Баррикады), puis dans les années 30 fut identifiée sous le numéro d'usine 221 NKV. Durant la seconde guerre mondiale, l'usine produisait munitions et canons d'artillerie. En raison de l'avance des troupes allemandes de la bataille de Stalingrad, l'usine fut évacuée vers Yourgou dans l'oblast régional de Kemerovo (Юргу Кемеровской области). L'usine revint à Stalingrad après la guerre, pour dès 1950 servir de bureau d'études et d'usine de production pour le développement et la fabrication de fusées et missiles, en 1954. Lors de l'observation, l'usine produisait des missiles balistiques destinés à porter des charges nucléaires. L'usine cessa d'exister à partir de 2014, époque à laquelle elle comptait encore plus de 3 000 employés. L'objet volant non identifié, provenait de la zone de Zythkur – Kapustin Yar, survolait la partie centrale et dense en habitations de la ville de Volgograd et se dirigeait vers la Montagne Roumaine. Jamais aucun tir de test de missile n'a été fait au-dessus d'une ville habitée, il n'y avait aucun vol civil ou militaire à ce moment-là. Jamais les autorités soviétiques n'auraient entrepris de faire survoler une usine de missiles à détonation atomique. Les ufologues ayant enquêté auprès d'anciens membres du KGB chargés de la protection de la base de Kapustin Yar, avancent une poursuite d'un ovni par deux Migs de l'armée de l'air ayant décollé de la base aérienne de Vladimirovka, l'ovni en forme de soucoupe volante, ne fut jamais intercepté. Pour conclure cette petite histoire, des bureaux appartenant au KGB se trouvaient à côté de la place des Tchekistes (Площадь Чекистов), pas très loin de l'usine Barrikada, et ils ont aussi vu le spectacle volant de la soucoupe intrusive. Aujourd'hui une statue en bronze, un officier l'épée levée vers le ciel, au sommet d'une obélisque blanche, Raboche-Krest'yanskaya Ulytsa numéro 1146, 400001 Volgograd. A environ 12 km de là, direction nord-est de l'Usine Barrikada, de l'autre côté de la Volga, au-dessus de la zone survolée par l'ovni, se trouve la clairière de Lebyajey (Лебяжьей поляне), district de Sredneaxtoubinsky (Среднеахтубинский район), depuis, les habitants déclarent ici, des activités de Poltergeist, c'est-à-dire des bruits suspects, des objets se déplacent dans les airs, il y a des rumeurs de lévitation, on entend frapper à la porte ou aux fenêtres. On dit que les villageois ont été confrontés plus d'une fois à de tels cas. Ils en sont venus à en informer la police. De nos jours, vous pouvez séjourner à Tourbasa Podichiphik (Турбаза Подшипник).

C'est un camping et une base de loisirs aquatique au bord de l'eau, qui offre des chalets à la location à partir de 400 roubles par jour et par personne. Ce camping est à 15 km vers l'est de Volgograd, il y a 28 maisons de vacances, dont 9 sont prêtes à recevoir des invités en hiver. Maisons disponibles pour 2, 3 ou 5 lits, chacune équipée de lits avec draps, tables de chevet, table avec chaises, lavabo, réfrigérateur, cuisinière électrique, vaisselle. Il y a un parking gratuit, un puits avec de l'eau potable, une douche d'été, une salle de banquet, des tonnelles couvertes, des barbecues, des terrains de football et de volleyball, des tables de ping-pong et même une piste de danse. Information et réservation des places à l'auberge par téléphone 8-961-674-76-47, 8-960-884-66-55, 8-961-091-16-95. Autobus de Volgograd № 114, 120, 123, 223 jusqu'à Voljoskogo (Волжского) puis de là jusqu'à Lebyajey avec le bus №104.

Vous rencontrerez ici, des passionnés de curiosités ufologiques qui passent leurs fins de semaine à observer les environs à la jumelle direction Sud-Est.

MALADIE MYSTERIEUSE AU LAC ELTON

Au cours de l'été 1999, dans la région de la Volga, autour de de Rostov, Volgograd et Astrakhan survint une mystérieuse maladie collective. Les médecins ne sont pas arrivés à déterminer la nature de ce mal ni son origine. L'épidémie s'est arrêtée aussi subitement qu'elle est apparue. Plus de 40 personnes sont mortes d'une maladie inconnue et 800 autres ont été en soins intensifs de longue durée à l'hôpital. Les symptômes de la maladie étaient les suivants, forte fièvre accompagnée d'un mal de tête sévère, puis perte de conscience. Les médecins ne pouvaient rien faire, et miraculeusement la plupart des patients a fini par guérir. La presse officielle en a peu parlé.

La Gazette électronique Terra Incognita, Numéro 27 du 7 juillet 2000 parle d'une enquête menée au sujet d'une étrange épidémie qui a eu lieu au printemps de cette année dans la région sud-est de Volgograd en direction d'Astrakhan, précisément au lac Elton. Quelque chose est tombé du ciel et a formé un cratère en forme d'entonnoir de plus de 8 mètres de diamètre, sans bruit, sans explosion, avec une trajectoire qui n'a pas laissé de traces sur l'écho radar militaire ou civil de la région. Et autour, il y avait des morceaux de métal d'origine inconnue, quelques habitants s'y seraient servi, propageant ainsi la maladie qui passa au stade de l'épidémie. Des militaires de la base secrète de Kapustin Yar ont mis en place un cordon de sécurité et placé la zone en quarantaine tardive puisqu'ils n'auraient découvert le site de l'impact qu'au bout d'une semaine. Les conclusions des ufologues sont que, dans des micro-organismes extraterrestres migrateurs qui n'ont pas d'analogues sur Terre et ne sont constitués que partiellement de substances organiques, et ils ont inoculé l'épidémie à l'homme. Les autorités n'ont ni infirmé ni confirmé cela, toutefois en 2000, sous une forte canicule estivale de plus de 40 degrés, le virus de du Nil Occidental a propagé une importante épidémie en Russie et plus particulièrement dans les villes de Volgograd et de Voljski, toutes deux situées le long de la Volga. Syndrome de fébrilité, grippe, encéphalite pouvant aller jusqu'à des états comateux profonds, avec une imagerie cérébrale habituellement normale. Le virus est potentiellement mortel dans 3 à 4% des cas. Cent seize personnes ont été enregistrées officiellement comme atteintes du virus du Nil occidental à Volgograd en août 2010, dont cinq sont décédées.

ZONE TEMPORELLE AKHTUBA

La zone de la Volga, Akhtuba est un paradis pour les pêcheurs russes qui y viennent au moins une fois dans leur vie. Vous pouvez voir des voitures avec des plaques d'immatriculation de presque toutes les régions de la Russie, au bord de nombreux lacs, canaux, lits de rivières, et étangs. Les résidents locaux ont à plusieurs reprises vu des ovnis de différentes formes ici, mais ils n'ont pas encore été capables de les fixer sur la pellicule photographique ou un support numérique. On dit que cet endroit anormal de la région est connu pour ses distorsions dans le temps inexplicables. Imaginez que vous faites quelque chose le matin, et qu'arrivés au soir vous ne vous souvenez plus très bien de ce qui s'est passé dans la journée. Les sauts de temps, apparemment, se produisent ici principalement pendant un orage, les ramasseurs de champignons et des pêcheurs locaux ont vu leurs randonnées sous un temps orageux se raccourcir ou s'accélérer.

Il y a ce territoire que le monde entier considère comme inhabituel, il s'agit de Karshevitoe Zaymishche (Каршевитое займище) situé dans le district de Gorodishchensky (Городищенского района). Près du village de Karshevitoye, un endroit anormal voit le ciel se couvrir régulièrement de forts orages qui selon les témoins oculaires sont accompagnés de décalage temporel à seulement 10 kilomètres au nord-ouest de l'Aéroport international de Volgograd. Karchevitskoe Zaymische (Каршевитское займище) dans la plaine inondable Volga-Akhtuba (Волго-Ахтубинская пойма), vers Karshevitoe (Каршевитое).

Comment y arriver ?

De Volgograd à la ville de Leninsk, il y a 80 km, des bus partent de la gare routière de Volgograd, Avtovokzal (автовокзала тел) : +7 (8442) 37-83-38, (8442) 37-72-28, (8442) 37-53-15, (8442) 37-37-90 +7 rue Ulitsa Mikhaila Balonina numéro 11, les départs sont réguliers vers 7.00, 8.00, 9.30, 9.50, 11.30, 14.00, 15.00, 16.00, 16.30, 17.00, 19.00, 18.15 sauf le dimanche, si un horaire n'est pas affiché, c'est que le passage à cette heure est supprimé. De Volgograd à Leninsk 60 km, puis de Leninsk au village de Karchevitoe (Ленинска до села Каршевитое) en bus encore 40 km de plus, et en véhicule personnel par la route Volgograd- Astrakhan (Астрахань) en passant par Volzhsky (Волжский), ou en traversant le pont sur la rivière Volga à la ville de Leninsk (Ленинска), continuer en direction du village Karchevitoe.

Une fois sur place vous pouvez séjourner dans un camping se trouvant dans le secteur dit des plaines inondables (tél. 8-960-882-55-00) au prix 3000 roubles par jour, un logement pour deux dans une maisonnette (30 euros change de 2017). Cette base de loisirs est face à la base secrète de Kapustin Yar à 30 km direction nord-est au travers des petites routes de la plaine vous contournerez des bras de la Volga vers l'est, à 17 km en ligne droite se trouve le magasin Svetlana où vous pouvez vous approvisionner au village de Grachi (Грачи) ensuite c'est un méandre de routes, d'abord au nord vers Podkov (Потьков) puis redescendez sur Gusarev (Гусарев), ensuite le village de Bykholov (Быхолов) et dernière étape la zone Roswell Russe, la base de Kapustin Yar.

LA CRETE DE LA GRANDE OURSE

Crête Medveditskaya (Медведицкая гряда), sur une carte créée par un groupe d'ufologues dirigé par feu Vadim Tchernobrov, les ovnis sont observés depuis Volgograd jusqu'au nord Saratov suivant un déplacement en forme de « s » qui suit les courbures des montagnes de la région, et dont un épicentre est référencé, passant par la Crête de Medveditskaya où se trouvent, la Tanière du Diable où les personnes et les arbres brûlent de l'intérieur et depuis les racines en remontant jusqu'aux branches. Le lieu-dit de la Pierre Blanche, qui serait une météorite de trois mètres sur l'un des sommets de la crête bien que les échantillons prélevés contredisent la composition météoritique.

La dénomination Du diable est employée sur au moins trois sites, La Tanière, est quelques kilomètres légèrement au nord du lieu Jeu du Diable (Чертово игрище), tel un jeu de pistes parsemé d'indices. Une voie d'accès à Medveditsa est possible en passant par un endroit tout aussi mystérieux à 36 km au sud-ouest de Kotovo, région nord de Volgograd, au travers de montagnes vieilles de plusieurs millions d'années, des temps reculés où l'homme n'était pas encore de ce monde. Les montagnes du Crétacé, au lieu-dit Le Jeu du Diable, région de Volgograd (Меловые горы, Чертово игрище - Волгоградская область), il est situé à 36 km au Sud-Ouest de la ville de Kotovo dans la région de Volgograd. Kotovo (Котово) est à 80 Km au Sud de Medveditsa. Le jeu du diable (Чертово игрище), n'est pas un cratère ordinaire, situé dans la steppe, à côté de lui coule la rivière Chertoleyka (Чертолейка). En passant par les montagnes du Crétacé, vous pouvez aller faire un voyage dans le temps en arrière de 300 millions d'années. Les strates écorchées de calcaire gris blanc ont conservé des empreintes de la mer préhistorique. Et sur les pentes sont dispersés des morceaux de grès ferrugineux bleu-noir, parfois lasurés de couches de craie blanche, témoins de la période crétacée, et des rochers de granit et de quartz provenant de l'époque glaciaire. Coraux, coquillages, empreintes de fossiles animaliers ou végétaux foisonnent, une grotte locale porte le nom de Grotte de l'Œil du Dragon. Le jeu du diable n'est pas seulement une fosse de sable, mais un lieu plein de mystères, à la fois mystiques et scientifiques. Après avoir voyagé à cet endroit mystérieux, il vous restera une sensation d'avoir visité une autre planète. Dans une zone d'environ 100 mètres on distingue pas moins de 50 nuances de sable, du blanc immaculé, au gris pierre, du violet à l'or, de l'argent au marron. Certains scientifiques, chercheurs, ufologues et géologues travaillent constamment ici pour essayer de comprendre le mystère de la nature de ce lieu appelé jeu du diable. Les anciens se souviennent qu'au siècle dernier, à l'époque des cosaques il y avait un énorme bazar à cet endroit, un marché clandestin où beaucoup de gens venaient, et où commerçants et marchandises étaient de provenance douteuse. Les plus jeunes voient ésotéristes, ufologues et thérapeutes new âge venir ici puiser ici un peu de poussière de montagne et de sable arc en ciel à des fins mystiques. Pour y parvenir depuis Volgograd roulez 230 km vers le nord, parvenus à Kotovo, orientez-vous au sud-ouest sud, à partir de là à environ 30 km au à travers Moiseevo (Моисеево) et Romanov (Романов), poussez un peu plus loin sur la route de Kireevo (Киреево), à environ 5 km. Si vous souhaitez faire une pause et y séjourner, retournez à Hôtel de Kotovo, au n° 8 de la rue Kroupskoy (ул. Крупской n° 8), téléphone 8 (84455) 4-17-08), compter à partir de 850 roubles par jour et par personne environ douze euros au change de 2017. Prenez une boussole, lorsque l'aiguille devient folle, sa flèche dans cette zone commence à tourner, perd le nord et tourne en rond face à un lac de sable multicolore, une fosse en cuvette où des bouleaux élancés chétifs épars viennent finir une vie maladive, vous êtes arrivés. Les montagnes du Crétacé ont tout autour d'elles, des ravines blanches magnifiques. Les arbres sont rares, comme si quelqu'un maudissait cet endroit de la plaine, pourtant si riche en végétation dans les basses terres, car ici, d'étranges changements se produisent dans la vie du monde végétal. Et géologique, perturbent la vie et le fonctionnement des appareils magnétiques modernes. Sous la surface est caché sous une petite couche de sable ordinaire, qu'apporte le vent à cet endroit, un sable plus varié, si vous observez et regardez de plus près, vous pouvez voir que la granularité dépend de la couleur du sable, plus il est sombre lumineux, plus les grains de sable sont petits. Si vous commencez à creuser le sol ici, vous pouvez voir toutes les couleurs de sable qui créent un arc-en-ciel indescriptible, couche par couche. Les habitants de la région affirment, que le territoire du Jeu du Diable est la trace d'une énorme météorite qui s'est écrasée. Ils pensent cela car quand vous frottez du sable dans vos mains ou secouez quelques cailloux ramassés sur le sol, vous pouvez entendre un étrange bruit métallique. Cette poudre caillouteuse brille dans votre paume comme chargée de lumière pendant une longue période. Et si vous prenez une poignée de sable avec vous, la rapportez à la maison, après un certain temps, vous verrez que le sable change de couleur, il se ternit loin du cratère où il a vu le jour. Pour le moment personne n'a creusé le site à la recherche du météore qui s'y trouverait, et on ne sait pas si le cratère fut comblé artificiellement où de la main de quelqu'un. La crête de Medveditsa à première vue est juste une chaîne de collines de 250 à 350 mètres de haut, située le long d'un cercle. C'est l'une des zones anormales les plus fortes au monde, des dizaines de lieux mystérieux sont dispersés ici dans un rayon de plusieurs dizaines kilomètres. Souvenez-vous que le lieu recherché, n'est qu'à 15 - 18 kilomètres de Jirnovsk et à peu près pareil en partant d'Aleshniki, mais tout le monde ici connait la route. Pour les derniers kilomètres renseignez-vous en cas d'hésitation, où fiez-vous au GPS. Pour vous rendre sur le territoire de la crête, où il y a la tanière du Diable (Чертово логово), un lieu anormal qui, selon les témoins, peut faire brûler une personne ou des arbres de l'intérieur, demandez votre chemin une fois à Zhirnovsk, ici, chaque jour, des dizaines de personnes viennent pour voir par eux-mêmes les mystérieux bouleaux qui ont mutilé de nombreuses boules de feu. Sur une crête à 15 - 18 kilomètres de Zhirnovsk, les lieux survolés périodiquement par des objets volants non identifiés, parfois on observe des atterrissages de loin, et les lois de la physique ne s'appliquent pas complètement ici, et si vous avez de la chance, vous pouvez voir des ovnis

Coordonnées : Crête de Medveditskaya - 50 ° 58'50 "N 45 ° 5'46" E) En plus de la forêt enchantée partiellement brûlée, les touristes découvrent aussi des tunnels mystérieux qui pénètrent profondément dans la terre. Si vous êtes intéressé par des phénomènes inhabituels, la crête Medveditskaya et ses énigmes sont une bonne option pour une journée ou deux. On ne sait pas exactement combien il y en a, la région de Volgograd est reconnue par les ufologues comme la plus anormale de Russie certains Volgogradiens écrivent souvent les problèmes de la région au Lieu des Damnés (Место проклятое). Il existe une carte réalisée par feu Vadim Tchernobrov l'ancien responsable de l'association ufologique Kosmopoisk décédé en 2017, et ses membres. Qui donne comme épicentre des apparitions d'ovnis, un territoire triangulaire au sud-ouest de Saratov. Il se situe au nord de la région de Volgograd et touche les villages de Frolovo (Фролово) et Olxovka (Ольховка) à la pointe sud-ouest, les villages de Petrov Ban (Петров Бан) et Kotovo (Котово) à l'est, les villages de Danilovka (Даниловка) à l'ouest au centre de ce triangle on trouve le village de Ostrovskaya (Островская). Sur la base du triangle qui est au Nord-Est, à gauche le village de Jirnovsk (Жирновск), celui de Linevo (Линево), et celui de Krasnyi Yar (Красный Яр). Si vous partez de Volgograd, il faut remonter la rivière Volga vers le nord, jusqu'au village d'Ilovatka (Иловатка), puis aller vers les montagnes à l'Ouest ou continuer un peu plus haut toujours le long de la Volga pour atteindre Kamvisky (Камвиский), puis aller vers l'ouest à Linevo, vous êtes face à Jirnovsk légèrement au nord-ouest, les crêtes des montagnes sont visibles. De très nombreuses expéditions et visites de touristes s'y sont rendues pour comprendre les secrets de cet endroit, et certains simplement et ne reviennent pas. En août 1993, un ufologue amateur du nom de Nikolai Khlebalin, originaire de Krasnodar a disparu, on ne le retrouva jamais. A l'endroit où il a été vu pour la dernière fois, a été trouvée une grosse bosse, comme, si une presse géante avait pressé le sol et obtenu un demi-œuf de terre compressée. Et en janvier 2004, ce fut le tour du touriste Vasily Shmakov, originaire de Bashkortostan. Le village de Medveditsa (Медведица) se trouve à droite de la rivière, et du Village de Jirnovsk, d'une population de 16 569 habitants en 2013, superficie 27 km2. Petit village avec 14 rues verticales et 11 rues horizontales orientées légèrement excentrées Nord-Est descendant Sud est à environ 18 km de l'endroit le plus célèbre, pour les amateurs de l'insolite du monde entier, la crête Medveditskaya (Медведицкая гряда), une colline recouverte de quelques arbres dans le district de Jirnovsk, où se déroulent divers phénomènes inexpliqués. Par exemple, des cercles ou des triangles et vagues, apparaissent sur les champs. Ils ont une géométrie parfaite, aucune végétation n'y repousse plus et les animaux les évitent avec peur. Au moins une vingtaine de sites d'atterrissage d'ovnis sont déjà connus et recensés. Une autre voie d'accès est possible vers Medveditsa en partant de Volgograd, aller au Nord sur l'autoroute vers Kamyshin (Камышин), au poste de police de la circulation, tourner vers Kotovo, poursuivre sur Krasnyi Yar (Красный Яр) en direction de Jirnovsk (Жирновск). Il y a un grand ravin de pierre au Nord de la ville, d'environ 10 kilomètres de longueur, avec une largeur d'environ 100 kilomètres et une profondeur de 30 mètres. Bien qu'il ne s'applique pas directement aux zones anormales, d'un point de vue géologique, c'est un endroit très intéressant à observer au passage. Ensuite il y a un plus petit ravin, vous atteignez Linewo (Линёво) au centre, vous tournez à droite, sur Aleshniki (Алешники). Poursuivant sur 6-10 kilomètres, grimpez la montagne, puis tournez à gauche et le long de la forêt, entrez dans une route sinueuse le long du bord de la crête, vous y atteignez Novonki (Новинки), c'est ici que la route d'asphalte se termine. De là, vous marchez à pied vers le sud-ouest à environ 8 km, où continuez en voiture très lentement à travers la steppe sans route si cela vous est possible. Vous pouvez négocier un hébergement chez l'habitant moyennant rétribution, en tout cas ne partez pas là-bas sans vivres ni eau, consultez les résidents locaux sur la route afin de recueillir leurs conseils. Vous pouvez camper sur la crête même, vous constaterez que plusieurs campements d'associations ufologiques où d'amis s'y trouvent déjà, certains y campent en permanence de mai à septembre, cela peut aller de 50 à 500 personnes sur place suivant les dates et conditions météo. Si vous recherchez un peu plus de confort, un hébergement pour la nuit est possible dans les villes voisines de Novinka (Новинка), Podchinniy (Подчинный), Alyoshniki (Алешники), mais vous devrez faire des aller et retours pour revenir sur la crête le lendemain. Vous y rencontrerez des spiritualistes ou des chamans toucher un gros rocher de trois mètres sur l'un des sommets de la crête baptisé Pierre blanche (Белый камень), il tomba du ciel sur la terre, selon une vieille légende. Les échantillons prélevés n'ont pas décelé de composition météoritique. Au cours de la guerre civile durant les années 20, il y eut dans le secteur des batailles féroces. Selon la légende, pour qui détiendra la pierre aura la victoire, aussi armée blanche et armée rouge se sont disputées sa possession, comme un symbole de pouvoir. Non loin de là, le lieu-dit Ararat (Арарат) est le sommet de la Crête de Medveditsa, il fut nommé ainsi par les habitants, parce que sur l'une des pentes, il y a des dépôts marins visibles, comme s'il y avait une inondation ici, des traces témoignant du déluge biblique. Les témoins disent que périodiquement il y a des soucoupes volantes (тарелочки) et des boules d'éclairs. Les touristes et photographes sont très nombreux dans le secteur de Ventsy (Венцы), également surnommé le territoire de forêt-steppe, cette région de la crête de Medveditska, source d'inspiration pour les blogueurs ufologues qui ont longtemps pris goût à cet endroit. Les gens ici se sentent hors du temps. Ventsy Zadonskie (Венцы задонские), collines de steppe boisées dans le district d'Ilovlinsky (Иловлинском районе), dans une zone géo active importante, sur la rive droite du Don. Les ovnis sont si souvent observés ici, que le lieu est devenu un site de pèlerinage ésotérique. L'Internet est plein d'histoires sur des choses étranges qui se produisent sur une chaîne de collines, inexplicables par la logique, le bon sens et même la science. A une distance d'environ 100 mètres du site d'atterrissage d'un ovni, des instruments physiques commencent à se mélanger, une fois sur place, les montres s'arrêtent. A une grande profondeur, sous les traces d'atterrissage, tous les micro-organismes ont péri dans le sol, la terre est nue, stérile, morte. Dans la région de la crête de Medveditska, les chercheurs ont pu voir différents types d'ovnis, officiellement avec photos peut être environ 15 à 55 fois. Pour trois à 10 d'entre eux, ils furent si proches que les témoins en observaient les détails. De même de 20 à 25 sites d'atterrissages comportent des empreintes stériles au milieu d'une herbe abondante. Une des preuves les plus populaires des ufologues, sont les cercles célèbres dans les champs, des zones de terres mortes sur lesquelles rien ne pousse, mais en réalité, il est plutôt difficile de les appeler des cercles, ce ne sont que des formes différentes mais assez géométriques. Il n'y pousse vraiment rien, la terre est marron foncé et comprend une forte concentration en fer mesurable dès la surface. Il y a bien un endroit spécial avec un énorme cercle brûlé, sur lequel il n'y a pas de végétation, bien que l'herbe pousse autour de lui, le reste des empreintes sont sinueuses ou triangulaires. En 1993, sur un grand terrain, une trace d'ovni triangulaire fut trouvée, d'une taille de 55x80x80 mètres et d'une profondeur de 15 à 18 cm. Cet écrasement du sol fut fait par un objet triangulaire géant. La stérilisation complète du sol a eu lieu à ces endroits, la destruction de tous les micro-organismes va parfois jusqu'à une profondeur d'un demi-mètre. Les cultivateurs de la région tentent de labourer les lieux depuis des décennies, ils rapportent qu'ils tracent des sillons parfaitement rectilignes, puis, le lendemain les sillons serpentent, il est difficile d'y semer, car les semailles ne prennent pas partout. Aussi depuis plus de cinquante ans ils évitent les emplacements triangulaires ou autres, les traces stériles laissées par les ovnis et même ne s'y approchent plus car les moteurs des tracteurs ou des moissonneuses calent. Les animaux qui paissent où les chiens les évitent, maintenant l'homme aussi ce sont les cercles sur les Champs (КРУГИ НА ПОЛЯХ), mais il n'y a pas de formes comme dans les cercles de culture en Angleterre, seulement de la terre vampirisée de la vie qui s'y trouve par une radiation ou magnétisation si forte qu'elle stérilise ce qu'elle touche. On ne sait pas exactement combien il y a d'anomalies étranges, dans la région de Volgograd, mais elle est reconnue par les ufologues comme la concentration du plus grand nombre d'anomalies de toute la Russie, au point que certains Volgogradiens décrivent souvent ce qui se passe dans la région, comme les évènements du Lieu des Damnés (Место проклятое). Il existe une carte réalisée par feu Vadim Tchernobrov, l'ancien responsable de l'association ufologique Kosmopoisk décédé en 2017 et ses membres, qui donne comme épicentre des apparitions d'ovnis, un territoire triangulaire au Sud-Ouest de Saratov. Il se situe au nord de la région de Volgograd et touche les villages de Frolovo (Фролово) et Olxovka (Ольховка) à la pointe sud-ouest, les villages de Petrov Ban (Петров Бан) et Kotovo (Котово) à l'est, les villages de Danilovka (Даниловка) à l'ouest au centre de ce triangle on trouve le village de Ostrovskaya (Островская). Sur la base du triangle qui est au Nord-Est, à gauche le village de Jirnovsk (Жирновск), celui de Linevo (Линево), et celui de Krasnyi (YarКрасный Яр). Si vous partez de Volgograd, il faut remonter la rivière Volga vers le nord, jusqu'au village d'Ilovatka (Иловатка) puis aller vers les montagnes à l'Ouest ou continuer un peu plus haut toujours le long de la Volga pour atteindre Kamvisky (Камвиский), puis aller vers l'Ouest à Linevo, vous êtes face à Jirnovsk légèrement au Nord-Ouest, les crêtes des montagnes sont visibles. De très nombreuses expéditions et visites de touristes s'y sont rendues pour comprendre les secrets de cet endroit, certains simplement n'en reviennent pas. En août 1993, un ufologue amateur du nom de Nikolai Khlebalin, originaire de Krasnodar disparut, on ne le retrouva jamais. A l'endroit où il a été vu pour la dernière fois, fut trouvée une grosse bosse, comme, si une presse géante avait pressé le sol et obtenu un demi-œuf de terre compressée. En janvier 2004, ce fut le tour du touriste Vasily Shmakov, originaire de Bashkortostan. Sur cette colline recouverte de quelques arbres à peine, des cercles ou des triangles et vagues, apparaissent sur les champs, ils ont une géométrie parfaite, aucune végétation n'y repousse plus et les animaux les évitent avec peur. Au moins une vingtaine de sites d'atterrissage d'ovnis sont déjà connus et recensés. Pour vous rendre sur le territoire de la crête, où il y a la tanière du Diable (Чертово логово), t un lieu anormal qui, selon les témoins, peut faire brûler une personne ou des arbres de l'intérieur, demandez votre chemin une fois à Jirnovsk, ici, chaque jour, des dizaines de personnes viennent pour voir par eux-mêmes les mystérieux bouleaux, mutilés par de nombreuses boules de feu. Passez une crête à 15 kilomètres de Jirnovsk, entre 15 et 18 km du village vous êtes sur les lieux qui sont survolés périodiquement par des objets volants non identifiés. Parfois on observe des atterrissages de loin, les lois de la physique ne s'appliquent pas complètement ici, et si vous avez de la chance, vous pouvez voir des ovnis, coordonnées crête de Medveditskaya - 50 ° 58'50 "N 45 ° 5'46" E. En plus de la forêt enchantée partiellement brûlée, les touristes découvrent aussi des tunnels mystérieux qui pénètrent profondément dans la terre. Si vous êtes intéressé par des phénomènes inhabituels, la crête Medveditskaya et ses énigmes est une bonne option pour une journée ou deux. Une large gamme de perturbations électromagnétiques sont enregistrées à Volgograd et à Medveditsa, en particulier lors des passages d'objets volants non identifiés. Certaines perturbations perdurent au sol longtemps après. On observe également des perturbations influant le fonctionnement des moteurs à combustion automobiles. Ces interruptions momentanées de fonctionnement coïncident avec le passage à courte distance d'objets insolites en forme de disque, de cylindre ou de triangle. Ces phénomènes affectent les montres, les magnétomètres, les appareils radio ou télévision et s'accompagnent de bruits électromagnétiques audibles dans les postes radio et parfois des crépitements métalliques comme des grésillements dans les airs. Tous ces effets en plus des radars aériens démontrent que ce ne sont pas des phénomènes atmosphériques naturels. L'hypothèse invoquant des technologies avancées expérimentales d'objets volants par l'armée ne peut même pas être soulevée, car si les militaires voulaient tenir ces engins futuristes secrets, ils ne survoleraient pas des zones densément habitées, mais des lieux désertiques loin des regards. En raison de la nature mondiale du phénomène ovni, on ne peut exclure des tromperies dans certains cas, toutefois s'il ne s'agit pas d'une technologie d'origine extraterrestre, il faut prendre en considération que l'ensemble de ces bizarreries est d'un grand intérêt scientifique et quelles que soient les explications que l'on puisse trouver, cela devrait mobiliser les scientifiques et aussi le police, pour les troubles à l'ordre public, car à Medveditsa la concentration de touristes avec les risques que cela engendre en rase campagne sans commodités ni postes de secours, peut crées des problèmes.

Un ufologue anglais s'improvise conférencier sur place, il parle de signes provenant de l'espace, des anomalies radioélectriques qui sont dans le contexte des lieux, et qu'en 1972 un astronome écossais M. Duncan Lunan analysa des signaux provenant de l'espace, des impulsions radioélectriques qu'il décomposa en figures géométriques, ces dessins représentaient la Grande Ourse et une partie d'Epsilon du Bouvier. Ses travaux portaient sur les expériences du mathématicien norvégien Carl Stormer et du spécialiste des communications hertziennes Balthus Van Der Pol. Ces deux chercheurs publièrent en 1928 dans la revue scientifique anglaise Nature, des comptes rendus sur des échos obtenus dans l'ionosphère qui revenaient en réponse à l'émission des leurs avec des retards de quelques minutes. C'était comme s'ils étaient reçus quelque part, puis renvoyés ensuite vers les émetteurs. C'est en analysant deux séries de nombres indiquées par les impulsions radioélectriques émises et celles reçues en tenant compte des échos et délais retards des réceptions. Le résultat fut spectaculaire, Lunan découvrit que les nombres pouvaient représenter des cartes du ciel céleste montrant la configuration des étoiles telles qu'elles se trouvaient voici 13000 ans en arrière. L'estimation de ces conclusions est mathématique et prend en considération le déplacement et la déformation des constellations et étoiles dans le ciel. Sur une des cartes qu'il réalisa, il manquait toutefois une étoile, comme si les émetteurs des messages voulaient attirer l'attention sur ce point, le système stellaire du Bouvier qui comporte une double étoile dont la plus grande possède sept planètes, la sixième pourrait contenir la vie. Medveditsa ou la Grande Ourse sur terre, serait-elle un lien avec la Grande Ourse céleste ? Une équipe dirigée par Anthony Lawton, démontra à la Société Astronautique Danoise que le retard enregistré dans le retour de l'écho était dû aux tensions de l'ionosphère, correspondant à un alignement inhabituel du champ magnétique de la terre et de celui du soleil.

Un ufologue Russe passionné mena des expéditions d'explorations à Medveditsa durant trente ans, il s'agit de Vadim Aleksandrovich Chernobrov (Вадим Александрович Чернобров) né le 17 juin 1965 et décédé le 18 mai 2017. Il survécut à un cancer, on lui donnait sept ans à vivre en 2008, pourtant, il survécut 9 ans. Environ neuf ans avant de finir épuisé d'une leucémie, il fut à la tête de l'association Cosmopoisk (Cosmo Recherche) pour l'étude des phénomènes anormaux et les ovnis. Il sortit diplômé de l'école secondaire de Jirnovsk, région de Volgograd. Depuis 1980, il était occupé à étudier les phénomènes anormaux sur le terrain. Il entra au département de physique de l'université d'État de Moscou. Lomonosovo, mais après le premier cours, il fut transféré au département aérospatial de l'AMI. En 1984-1985 ans, il servit au

KGB dans les troupes gardes-frontières à la frontière soviéto-iranienne et soviétique-turque. Au cours de sa formation à l'Université d'Etat l'AMI il travailla aussi comme monteur à l'usine. M.V. Khrunichev (М.В. Хруничев), participant aux activités du groupe ufologique de F.Yu. Zigel. En 1992, il est diplômé de l'AMI, avec une thèse défendant le projet d'un système de transport spatial avec un moteur de fusée électromagnétique. Vadim Alexandrovich était diplômé du cours de troisième cycle Universitaire MAI, il avait également un diplôme de candidat en sciences techniques. Il travailla comme rédacteur en chef du département de la science et de la technologie du journal Nouvelles Russes et dans le journal MAI Prolétaires (Annexe Apogee). Depuis 1997 à 2017, il dirigea l'association d'expéditions publiques, maintenant, l'association de recherche scientifique publique russe Kosmopoisk. Sous la direction de Vadim A. Tchernobrov furent menées plus de 770 expéditions pour l'étude sur le terrain d'un large éventail de phénomènes étranges non expliqués et de mystères historiques. Les résultats de ses recherches sont présentés dans plus de 50 livres et encyclopédies écrites depuis 1993, nombreux sous forme électronique et disponibles gratuitement en ligne. En 2017, plusieurs membres de Kosmopoisk sont portés décédés 1 membre meurt d'un cancer du cerveau à 65 ans, une femme de leucémie, et trois autres d'oncologie, cancer du colon, le président de l'association décède à son tour d'une leucémie.

EXPEDITIONS UFOLOGIQUES MEDVEDITSA

Les expéditions d'ufologues Russes et étrangers furent nombreuses, Kosmopoisk organisa du 15 juin au 25 août 2002 sa 148ème expédition qui était aussi la 32ème expédition sur Medveditsa, cette dernière totalisa 71 jours de recherches, environ 2,5 mois, avec un total de 81 personnes de Moscou, Volgograd, Saratov, Yaroslavl, Lipetsk, Orenburg, Novossibirsk et de la République de Mari. Des participants y demeurèrent jusqu'à la mi-septembre soit 4 mois sur place. Des ovnis furent observés plusieurs fois par les membres de l'expédition, le 07 juin 2003 à 22h55 à 22h52, une boule lumineuse sombre se déplaçait et devint visible en passant devant la lune, sur le côté gauche du disque lunaire à 30 degrés environ, par rapport à Pôle Sud de la Lune. Un grand ovni triangulaire de couleur verdâtre survole le secteur le 10 juillet 2003 vers 3 heures du matin, puis à nouveau le 12 juillet 2003 à 21h18 et à nouveau le 30 juillet 2003 à 19h15. D'autres événements anormaux furent enregistrés les 15, 16, 22, 26, 30 et le 31 juillet. La 33ème expédition de Kosmopoïsk sur Medveditsa se déroula du 1 juillet au 21 août 2004, elle réunit 128 personnes venant de Moscou, Volgograd, Saratov, Tambov, Ivanovo, Smolensk, Rostov, les régions de Sverdlovsk et la République de Mari. Lors de leur 36ème expédition, le soir 4 Août 2005, ils virent l'atterrissage d'un ovni comme une douille d'ampoule de lumière, il y avait 152 personnes lors de cette expédition d'été. Des traces furent trouvées au sol sur le site d'atterrissage d'un OVNI à 20 km du camp, une équipe de télévision NTV filma les témoins le 15 août. Puis le 19 août des habitants trouvèrent trois pictogrammes au sol, des cercles sont apparus sur le terrain entre le 14 août et le 18 août, dans les nuits des 14 au 15 puis du 17 au 18 août des objets volants furent observés dans le ciel.

MEDVEDITSA FORET DE BOULEAUX

Le lieu est baptisé, la Pente de foudre folle, est célèbre pour l'apparition régulière de la foudre, et pas seulement dans temps orageux, mais par tous les temps. Dans la crête de la Grande Ourse, (Медведицкая гряда). Le secteur de la montagne bleue et sa pente de foudre folle, est de loin, la zone la plus anomale, mais il ne faut pas la confondre avec Le Mont Bleu, un des points les plus élevés de la partie plate de la Russie, haut de 293 m, situé au sud de la région de Volgograd. On dirait que des centaines de bouleaux argentés ont été empêchés de grandir par une force venant du ciel, si puissante, qu'au lieu de s'élever droits, ils se sont recroquevillés. Parfois d'une souche unique sont sorties cinq, dix, douze troncs en chandelier. Certains troncs ont serpenté comme des lianes gigantesques, d'autres ont courbé et sont revenus planter leur cime dans la terre. La crête où ils se situent, commence quelque part à 18 kilomètres du village de Jhirnovsk. Il y a une montagne bleue, une pente de colline nue au sommet de laquelle une forêt de bouleaux tourmentés, s'inclinent anarchiquement dans toutes les directions. Aucune feuille ne pousse, la de la racine jusqu'à mi tronc, l'écorce n'est que charbon, puis du tronc jusqu'aux chétives branches pas de feuilles, aucune vie. Cette particularité attire l'attention, de nombreux troncs sont brûles depuis la base jusqu'à 10, 20, 50 % du tronc, mais l'herbe qui les entoure est intacte et verdoyante. Les ésotériques nomment le lieu, la montagne qui grandit, elle s'accroit, ses arbres sont vivants (БОЖЖЕННЫЕ ДЕРЕВЬЯ). Le sol y est saturé de fer, ce qui affecte les déviations du champ magnétique, des changements de durée de temps des montres, enfin c'est l'explication des scientifiques, mais cela n'explique pas que les moteurs de tracteurs ou de voiture cessent de fonctionner, que les montres retardent ou avancent, que tous ces appareils et bien d'autres s'interrompent pour repartir. L'intensité du champ magnétique du sol local augmente plusieurs fois, et ensuite elle chute brusquement. Les fluctuations du champ magnétique sont régulières, ordonnées, comme s'il s'était agi de lignes électriques invisibles émettant en continu avec des pics et des baisses constantes de tension. Les moteurs d'hélicoptères, ont calé en survolant la zone, ces faits ont été enregistrés en 1980 puis en 1982. Les retards temporels ou décalages temporels sont permanents. C'est dans cette Tanière, en fait la crête et la pente de la foudre folle, que les montres bracelets mécaniques sont en retard de 5 minutes à une heure et demie par jour. Des montres à l'affichage électronique présentent des signes incompréhensibles sur leur écran, comme une langue inconnue, toujours la même. Parfois sur cette crête de Medveditska les horloges mesurent un autre temps et ne reviennent pas aux bons réglages toutes seules. Sur les traces au sol considérées comme était des preuves d'atterrissage d'ovnis suite à des observations oculaires, des montres à quartz ont stoppé, puis fonctionné de nouveau lorsqu'ils s'en sont éloignés. Certaines montres s'arrêtent un moment, puis recommencent à marcher à une heure distincte, certaines électroniques avancent ou reculent de plusieurs secondes, minutes, heures. Les cas les plus caractéristiques, accompagnés des décalages temporels les plus spectaculaires se situent sur la Pente de la Foudre Folle. La même chose est arrivée avec presque toutes les montres mécaniques, de la plupart des touristes étant venus visiter la région. Ne pas confondre la Crête de la Grande Ourse avec La Medveditsa, une rivière qui prend sa source au Sud du plateau de la Volga, dans l'oblast de Saratov, et coule en direction du Sud, longue de 259 km. Son cours est presque parallèle à celui de la Volga, mais à l'Ouest de cette dernière, à plus ou moins 80 kilomètres de distance. Son débit est de 41à 61 m3/s, elle se jette dans le réservoir d'Ouglitch, sur le cours supérieur de la Volga. C'est une rivière très fréquentée par les touristes, en fin de parcours, son cours s'incurve vers le sud-ouest, puis elle se jette dans le Don en rive gauche, une dizaine de kilomètres en amont de la ville de Serafimovitch, et un peu en aval du confluent du Khoper.

Sur une seule des pentes de la crête de Medveditsa, des boules de foudre dévalent ses flancs sur une longue bande en pente douce. Il s'agit de la pente de la foudre folle, une pente souvent illuminée d'éclairs par beau temps. En fait, il s'agit d'une bande assez étroite pas plus large que quatre-vingts mètres, allant de plusieurs dizaines à une centaine de mètres, certains ont mesuré, qui traverse la crête, s'étirant du Sud-Ouest au Nord-Est, vers laquelle les éclairs de foudre, des boules ou des ensembles de boules de foudre se précipitent, dans un mouvement identique et répétitif, c'est un spectacle impressionnant en soi. Du jamais vu ailleurs, mais qui est ici si fréquent qu'il n'est qu'un phénomène commun ordinaire parmi beaucoup d'autres bizarreries locales. Le lieu-dit La pente de l'éclair fou de la crête de Medveditska, ou crête de la Grande Ourse, semble attirer à elle, l'éclair en boule. Lorsque l'éclair apparait non seulement dans un orage, mais aussi par temps calme, à n'importe quel moment de la journée, sans raison apparente. On est en droit de se poser des questions sérieuses, les témoins oculaires disent qu'il y a des choses qui sont inimaginables pour une personne normale sur la crête de Medveditsa. Des éclairs de foudre folle et de boules incontrôlables sévissent ici pendant des dizaines d'heures, volent le long d'une route, dévalent la pente et brûlent les arbres qui sont déjà bien abîmés dans des contorsions indescriptibles, parfois tombés le long du chemin, forés de trous, des sortes d'œillets par des spirales de feu effrayantes. Des centaines de faits ont été enregistrés par les habitants et les milliers de personnes curieuses venues ici. De nombreux arbres sont maintenant complètement brûlés, certains se meurent carbonisés de la racine à la taille, d'autres ont le noyau tellement brûlé qu'il n'y n'a plus rien, qu'un vide noirâtre rond sur toute la longueur, des pans entiers d'écorce éventrés laissent entrevoir une noirceur âcre. Entre des souches carbonisées, certains arbres sont intacts, d'autres quasiment intacts ont des petits orifices noircis, là où une flamme concentrée s'est acharnée à creuser pendant des heures, avant de renoncer à ressortir de l'autre côté et de disparaitre comme une fumerolle de tabac. les chercheurs ont recensé plus de trois cent cinquante incendies, ayant impacté en surface tout ou partie, des troncs. Selon les brûlures sur les arbres, des spécialistes déterminèrent que la plus grande boule de foudre a environ deux mètres de diamètre, sur une hauteur de lévitation d'à peine un mètre au-dessus du sol, elle ignore le vent pouvant voler à contre-courant, contre le vent, se déplaçant le long de la même pente à chaque fois, et brûlant le tronc des bouleaux, avant de planer au-dessus des objets pour revenir percer des trous comme des forages de laser, puis décrire diverses figures dans l'air, exécutant des figures impossibles, non linéaires. La foudre en forme de boule, se déplace à petite vitesse, avec lenteur comme la marche d'un piéton à 50 cm du sol, mais en réalisant d'étranges spirales, cognant entre les troncs dans les arbres comme une boule de flipper, cela peut durer des heures entières. Il est intéressant de noter que les boules de feu brûlent les arbres, mais évitent les gens présents, ou la foudre en boule passe à travers eux, sans nuire à leur santé.

Les ufologues signalent ici tellement de survols et d'atterrissages d'ovnis en forme de soucoupes volantes ou de triangles, qu'en 2005 l'école du village de Dobrinka, ouvrit son propre musée dédié à l'ufologie et au paranormal. Dans cette Pente da la foudre folle, un lieu est nommé la Tanière du Diable, ici se produisit le premier et le second cas de décès connu à ce jour. Ce fût la mort du berger local Bisen Mamaev, ce dernier s'allongea pour dormir sur une botte de foin, on ne retrouva plus que son corps calciné au bout d'un court moment. Le foin sur lequel dormait le berger et ses vêtements étaient intacts. A l'autopsie, il s'avéra que le berger avait brûlé de l'intérieur, comme une combustion spontanée, qui ne réduisit en cendres que la chair humaine. Le lieu où on le trouva prit depuis ce jour le nom de Tanière du Diable. Un autre fermier âgé de 28 ans, de la ferme collective locale, échappa à l'incendie d'un champ, mais un autre mourut un autre jour après avoir subi 11 jours en soins intensifs à l'hôpital, pour avoir tenté de sauver la récolte d'un champ de grain en feu. La géo-activité est intense, les observations mystérieuses. Avec seulement deux décès enregistrés, les lieux n'effraient pas, bien au contraire, cela n'arrête pas les curieux, touristes et ufologues, y viennent par centaines chaque année, certains campent sur place, du printemps à la fin de l'été.

Doit-on rappeler que Mme Helena Petrovna von Hahn, plus connue sous le nom d'Helena Blavatsky ou Madame Blavatsky, Елена (Петровна Блаватская), une ésotériste new âge qui déclarait que toutes les religions et philosophies possèdent un aspect universel commun à séjourné dans cette région. Elle lut, en 1846, chez son grand-père, des ouvrages sur les sciences occultes. D'une grande culture, grâce à ses gouvernantes anglaise et française, elle parle couramment russe, allemand, français et anglais. Il se dit que depuis sa naissance des évènements anormaux se produisent autour d'elle, en sa présence. Son grand père était gouverneur de la province de Saratov, elle y habita dans une immense propriété en compagnie de serviteurs nombreux, précepteurs, amis et membres de la famille Fadéef. Elle se distingue déjà en bas âge, prétendant communiquer avec des habitants venus d'autres mondes, et que les hommes d'ordinaire ne les voyaient pas, ainsi qu'avec des êtres humains dits morts. C'est ici dans les steppes de la Volga que la jeune Lena trouve dans ces lieux mystérieux son inspiration pour la science ésotérique à 80 km au sud-ouest de Saratov, à Medveditsa, lieu où se concentrent les apparitions ovnis, et où elle aurait eu des liaisons télépathiques avec des extra-terrestres. A la suite de cela, dès octobre 1848 Helena Petrovna va entreprendre des voyages notamment en Mongolie, en Inde et au Tibet. Elle rencontre William Butler Yeats, grand poète et futur président de l'Ordre hermétique de l'Aube Dorée, et reçoit la visite de Gandhi en 1890. Dans sa forêt préférée de Medveditsa, qu'elle fréquentait étant jeune, ce sont plus de trois cents arbres brûlés, l'analyse des brûlis de végétation a produit des résultats frappants. Les arbres ont été brûlés de leur racine, de l'intérieur et le long du tronc, vers le haut, évidant l'âme, ne laissant plus que peau d'écorce à l'intérieur carbonisé. Comme si la foudre ne les frappait pas de l'air, mais de dessous la terre. Si le phénomène de la boule de foudre les croque, ne laissant qu'un trognon de pomme si mince que l'arbre ne tient plus, se coupe en deux et tombe. Ce phénomène intéresse les scientifiques de différents pays États-Unis, Europe, Asie, cette croquée de l'intérieur des troncs par un feu souterrain qui les dévore, les mange, les consumant jusqu'aux cendres demeure totalement inexpliqué. Le nom de Foudre de la Pente Folle pourrait s'accompagner, du feu des entrailles de la terre, on ne sait pas si les deux phénomènes sont combinés où distincts. Certains observateurs disent souvent simultanés. Parfois un éclair, ou une boule de foudre, parfois des dizaines de boules ensemble. La forêt d'arbres, dont la plupart sont des bouleaux ont une forme bizarre et déformée, dans une forêt de buissons où les arbres sont plus comme des buissons, car ils poussent très ramifiés, leurs troncs assez près de la base, sont divisés en plusieurs bâtons, 95% de cette forêt est touchée, noircie, abîmée par le feu. Lorsque la foudre perce un œillet dans le tronc, celui-ci continue à pousser et créé autour une excroissance, un moignon réparateur, mais lorsque les troncs sont rongés de l'extérieur, comme pelés, ils ressemblent à des sabliers à la taille fine. Comment peuvent vivre les arbres sans feuilles, sans leur végétation comment respirent-ils ? La feuille est l'organe spécialisé dans la photosynthèse, elle transpire et contrôle l'évaporation de l'eau, grâce à la chlorophylle, elle transforme, sous l'action solaire, le gaz carbonique de l'air l'hydrogène de l'eau en glucides, avec dégagement d'oxygène, c'est la photosynthèse. Et ici il n'y en a pas, et malgré cela, les arbres ne sont pas secs, continuent même à grandir. Certains arbres sont cassés d'une manière inconnue, comme déchirés à une hauteur de 3 à 4 mètres, ici deux troncs poussent de part et d'autre d'un moignon de souche en forme de ballon au ras du sol, là, se trouvent dans une profondeur de plusieurs dizaines de mètres s'enfonçant dans les profondeurs du bosquet, chandeliers, trognons de pomme, troncs évidés avec l'écorce qui résiste, tiges grises et décapitées aux pieds noircis, lianes de tronc comme une jungle de bois apocalyptique.

TUNNELS

La pente de la foudre folle sur la crête de Médveditsa, la montagne bleue renferme un autre secret, dans les entrailles de la terre qui vient manger les troncs des arbres d'un feu de l'enfer, se trouvent des tunnels, c'est la partie la plus mystérieuse des lieux. Le sous-sol fut sondé sur plusieurs kilomètres ce qui démontra que le vide sous-sol commence à grandir de manière significative, et que la largeur est en augmentation constante, progressivement 22 m, puis 80 m, puis 120, du pied au sommet de la montagne bleue. Les éléments électroniques de mesure commencent à chauffer durant l'opération de sondage, les montres électroniques retardent. Mais les mesures de radioactivité sont parfaitement normales et inoffensives pour l'homme, les participants ont été pris de maux de tête violents induits par une énergie électro magnétique radiante, puisque influant sur les appareils électriques. Les mesures étaient celles habituelles constatées sur le sol rural pour les régions de Volgograd et de Saratov, dans une zone de 100 à 150 m², sur une superficie de mesure totale d'environ 200 000 mètres carrés, se sont avérées à certains moments de trois à six fois supérieures à la norme. Puis le taux de radioactivité est de nouveau revenu mystérieusement immédiatement au taux normal les jours suivants, ne dépassant pas la valeur naturelle habituelle de la zone Par conséquent, quelle que soit la source l'augmentant la radioactivité, son niveau de rayonnement aurait dû progressivement diminuer pendant des années ou des siècles, mais pas immédiatement, ceci contredit le taux de désintégration scientifique normal tel qu'on le connait. Les tunnels étranges de la chaîne de Medveditskaya ont été découverts de plusieurs façons par accident. La tâche scientifique fut confiée à l'Institut d'Aviation de Moscou pour enquêter sur tous les faits connus dans le pays d'objets volants non identifiés, afin de résoudre le mystère de leur vol et de créer une théorie de travail pour le développement futur de l'aviation Soviétique. L'un des étudiants était Vadim Tchernobrov, le chercheur fondateur et chef de Kosmopoisk proposa de commencer l'étude des voies de migration de mystérieux objets volants. Le travail commença à la suite de son initiative, il apparut que la plupart des trajectoires de vol se croisent dans la région de Volgogra, sur la crête Medveditskaya. Les scientifiques commencèrent à étudier l'histoire de la région, ce qui conduisit les archéologues dans les tunnels. Selon diverses sources, ceux encore visitables sont de de 6 à 20 mètres, de plus, ils ont des parois lisses et égales, comme si la terre avait été brûlée, cristallisée, mais demeurant extrêmement friable. Un tunnel de 6 m de haut et 10 m de large permet de faire passer un train, tandis qu'un tunnel de 25 ou 35 mètres de haut permet de contenir un petit immeuble. Les premières explorations sérieuses débutèrent au milieu des années 90, les ufologues venus chercher dans ces lieux des traces au sol et des observations d'objets volants non identifiés, ont campé jour et nuit de longs mois, on ne comptait plus les expéditions ni le nombre de touristes qui parcouraient les collines, et naturellement, ils sont tombés sur un réseau de galeries si grandes qu'on se croirait dans les allées du métro. A la surface, les boules d'éclairs de foudre folle volent de cinquante centimètres à un mètre du sol, strictement au-dessus des deux tunnels souterrains formant une ossature tubulaire géante complexe, se situant à faible profondeur, à l'intérieur de la pente de la colline bleue. Il y a là un impressionnant réseau de tunnels souterrains, ceux qui ont pu être explorés sont longs d'environ 20 m, avec un diamètre allant de moins d'une dizaine mètres à trente voire plus, mais les extrémités sont obstruées. D'autres étroits de 6 à 7 mètres se perdent sur des kilomètres infinis. La longueur et le nombre des tunnels demeure inconnue, et leur diamètre varie dans les endroits les plus larges connus, entre six à deux ou trois douzaines de mètres. Des témoignages de retraités nous permettent de savoir qu'en 1942 lors de la bataille de Stalingrad près de deux mille entrées de tunnels furent dynamitées et qu'au fur et à mesure de leur découverte, les corridors furent de nouveau bouchés, car dans un laps le temps, parfois très court, de nouvelles entrées s'ouvraient à la faveur de glissements de terrain. Les chercheurs savent que les tunnels s'étendent sous terre, sur des dizaines de kilomètres, mais dans quels buts ? Dans leur partie la plus grande ils sont similaires aux tunnels sous la manche par où passent les trains, c'est colossal. Des dispositifs de sondage modernes ont mesuré l'existence d'un vide dans le sous-sol, donnant une croissance qui va au-delà de 120 mètres, les sondages trouvent un écho inattendu, à un moment, il n'est plus possible de continuer à sonder, à une profondeur de plusieurs dizaines de mètres, quelque chose bloque les ondes sismiques. En géologie, il y un terme de bandes rouges dans l'imagerie technique, elles donnent une limite aux capteurs. Ces endroits où les méthodes modernes de mesure ne peuvent percer les entrailles de la planète ne sont au nombre que deux dans toute la Russie. Une région insondable au nord de Volgograd à Medveditsa et une seconde vers la ville de Tbilissi. L'existence de grands vides ou de lacs souterrains peuvent-ils en être l'origine ? L'étude de cette zone, réalisée à partir de la surface par sondage acoustique, a montré qu'en descendant de plus en plus profondément dans le sous-sol, il se trouve quelque chose de gigantesque directement au-dessous de la clairière anormale où la foudre frappe le long de la pente de la colline. Là au-dessus des tunnels en question, en 1997, les touristes et curieux observèrent plusieurs centaines de boules de foudre survoler le sol à une hauteur d'un mètre, traverser la forêt de bouleaux en les malmenant, beaucoup eurent les flancs brulés jusqu'au charbon, certaines cimes furent décapitées, les vols suivirent scrupuleusement le sens des souterrains, comme par guidage. Il n'y a pas un seul ufologue en Russie, qui n'ait pas entendu parler de la crête de Medveditska, ses tunnels, la foudre et des ovnis. Le tunnel principal est long de 4,5 km, puis est obstrué, sa largeur est de 7 m, parfaitement aligné sous la pente de la foudre folle de la colline Medveditsa. Trente mètres après l'entrée il se divise en trois autres branches. C'est assez large pour laisser passer un train. Il y a deux sources d'eau proches des tunnels, l'une comporte de l'eau distillée et l'autre de l'eau qui a un niveau de radiation supérieur à la normale. Une entrée fut découverte en août 2003, comprenant deux grandes marches de quelques mètres de large et de plus de 30 mètres de long. La couleur des murs et du plafond était verte, comme si quelqu'un avait peint les murs. L'entrée la mieux conservée est une arche haute peut être de trois mètres, flanquée de deux piliers de pierre, débouchant sur une galerie allant vers l'Ouest, à droite, vers l'Est, une salle, puis l'accès éboulé à une galerie nord-sud. La galerie gauche remonte au nord puis tend vers l'ouest en arc, entrant profondément dans la montagne, puis se divise en quatre autres galeries plus petites, elles aussi obstruées. Une autre grotte avait une largeur de voûte 7 m. Deuxièmement, la caverne s'étire dans une direction vers où partait un couloir d'au moins 4,5 km, était plate, comme une flèche, là aussi impossible d'aller plus loin. Dans les années 1800, les tunnels étaient si immenses, que des voleurs de chevaux y pénétraient avec leur butin, des gitans y cachaient des troupeaux issus de larcins puis ressortaient plusieurs encablures plus loin. Ils auraient servi de cachette pour les trésors des Mongols et des Cosaques. L'armée rouge y affronta l'armée blanche et les pillards à coups de fusillades et de grenades. Les déserteurs et des bandits continuèrent à y trouver refuge à toutes les périodes troubles de l'histoire. A l'époque moderne récente, un groupe d'habitants visita un tunnel avant sa destruction, il mesurait environ cinq kilomètres, ses parois étaient parfaitement lisses, certains corridors étaient si rectilignes qu'en allumant une torche à une extrémité, elle était visible de l'autre coté à plusieurs kilomètres. Sous la partie supérieure de la montagne Medveditsa, une arête fut découverte donnant sur une caverne encore lisse et large de 35 m débouchant sur des tunnels partant dans différentes directions, avec des angles distincts, de largeur plus petite, environ 2 à 3 mètres. Ils couraient sous la montagne vers des endroits déjà connus comme ayant reçu des atterrissages d'ovnis. Une de ces arêtes débouche directement au-dessus d'un village. Le tunnel le plus singulier débute par une arche envahie par l'herbe, c'est une construction faite par l'homme qui donne l'impression d'avoir 300 ou 500 ans. Dans les années 20-30, une expédition conduite par un ethnologue amateur explora une grotte en aval de la rive droite de la rivière Medveditsa, elle s'ouvrait sur des tunnels qui allaient vers l'intérieur d'un couvent de religieuses orthodoxes qui était construit à environ 5 km du village de Medveditsa. Les briques modernes font 5 cm d'épaisseur par 22 cm de long et 11 cm de large, ce genre de parement mural sur des kilomètres équivaut à des dizaines de milliers d'unités. La construction de ce revêtement intérieur a duré des années et sollicité des centaines de personnes ainsi qu'un four à briques industriel. Ces travaux sont uniques, malgré la guerre civile et la destruction des églises et des monastères par l'armée rouge de 1919 à 1954, aucun autre centre religieux n'a entrepris de faire quelque chose de pareil ne serait-ce que pour servir de sortie de secours. En poussant une plaque de marbre blanc située au centre du monastère, ils ont trouvé une entrée de 1,5 mètre de large avec une voûte très haute, l'exploration de ce corridor sur une longueur de trois à quatre kilomètres, donna un ensemble rectiligne parfaitement damé de briques. Une religieuse retraitée raconta après la seconde guerre mondiale, qu'au siècle dernier, un tunnel allait de Medveditsa en direction du Nord-Ouest et semble-t-il au Sud-Ouest aussi. Il rejoignait un corridor qui partirait comme une tige interminable. De tels tunnels furent fréquents dans la région au moins depuis fin des années 1800. Dans le Sud-Est de Volgograd, l'église dédiée à Saint-Nicolas le Merveilleux, érigée dans la colonie de Kapustin Yar en 1817 fut le premier bâtiment a été démantelé en 1890 pour permettre au printemps 1895, la construction d'un nouveau bâtiment totalement en briques. En 1929, les révolutionnaires bolcheviks pillent l'église, détruisent les dômes et emportent les cloches dont la principale pesait 500 livres. Certaines icônes ont été sauvées par des croyants, plus tard, certaines ont été transférés à l'église Saint Georges de Kapustin Yar lorsqu'elle fut rouverte le 6 mai 1948. Mais l'église de Saint Nicolas fut complètement détruite par les révolutionnaires qui la transformèrent en maison de la culture. Pendant la bataille de Stalingrad, l'église Saint-Nicolas abritait un hôpital. Une histoire intéressante liée au temple a été racontée par l'un des résidents locaux, un descendant de la famille marchande Smolyakov, qui étaient avant la révolution l'une des plus riches de Kapustin Yar. La grand-mère de cet homme lui a dit qu'avant la révolution, depuis l'église à la rivière il y avait effectivement un passage souterrain. Les passages enterrés allaient également dans quelques-unes des demeures des marchands entourant le temple. On ne sait pas dans quel but ont été construits ces tunnels, cependant, leur existence est confirmée par l'histoire, dans l'une des maisons de marchands, qui finit abandonnée non loin de l'église, on trouva en effet l'entrée d'une grotte inconnue, les murs et les voûtes étaient faites de vieilles briques. Un souterrain menait directement à la prison et aboutissait vers les cellules, il permit sans doute à des prisonniers de l'armée blanche de fuir des gardes rouges. Non moins mystérieux est une autre histoire racontée par la même personne. Si vous regardez attentivement le sol bordé de carreaux de céramique à motifs, on peut voir que dans deux endroits près de l'autel, manquent des tuiles sur le sol, il y a, à la place des blocs de pierre. Selon le narrateur, ce n'est rien de plus que des traces, de l'enterrement des membres du clergé par les des bolcheviks dans les années 20. Il est connu qu'une sépulture dans le temple a survécu sous l'autel, une crypte renfermant les reliques d'un prêtre inconnu. L'église entièrement restaurée fut rendue aux fréquentations des croyants en 1992.

A Medveditsa, une bande de terre élargie et fissurée de 3 m de largeur et d'au moins un kilomètre de longueur est apparu en 1997. Elle prend naissance d'un tunnel sous terrain principal et continue vers le Sud-Ouest pour se fondre dans les ravins. En août 1998, puis en 2000 tout comme ce fut le cas dans les années 1980, sont apparus des élargissements du sol, sortes de vergetures arrondies, sortes de trainées bosselées d'un diamètre de deux à trois mètres et d'une hauteur de 30-40 cm, sorte de fissures intérieures qui poussent la terre vers l'extérieur à l'identique d'une taupe tunnelière, à 200 mètres à l'est de la crête de Medveditsa. Un géologue professionnel a découvert sur la pente de la foudre des affleurements de lave pétrifiée, bien que le secteur ne soit pas considéré comme d'origine volcanique. Aux pieds des monticules, le long de toute la surface des collines, se trouvent des crevasses ouvertes, la terre s'est affaissée puis s'est brisée en des longueurs boudinées informes de deux ou trois mètres. Des cratères spontanés naissent aussi, ce sont des puits dont le diamètre d'entrée est plus petit que le diamètre intérieur, une fois mesurés on s'aperçoit qu'après un mètre ils tournent à angle droit sur le côté pour atteindre une galerie bombée faite de briques, des fondements d'ancienne maçonnerie faite de la main de l'homme. Il n'y avait pas de traces d'excavation, ni gravats issus de l'extraction, ou traces de roues sur le sol. Cela ressemblerait à une cheminée d'aération improvisée pour permettre de faire entrer de l'air dans des galeries, cela pourrait vouloir dire que certains connaissent l'emplacement exact des tunnels, qu'ils les visitent et ont besoin de respirer à l'intérieur. Car il existe des tunnels sous la colline et ils ne sont pas naturels, mais faits de la main de quelqu'un. L'apparition d'un énorme trou dans le district Svetloyarsky, région de Volgograd, faillit engloutir le fermier Vladimir Banko qui allait à son tracteur. L'orifice naquit spontanément avec des parois parfaitement lisses, large seulement d'environ un mètre de diamètre et jusqu'à 20 mètres de profondeur. Avec le temps et en raison de la pluie, maintenant, il ne fait que 11 mètres de profondeur, mais le diamètre de la fosse, au contraire, a atteint presque quatre mètres. Les résidents du village, qui ont visité les bords du mystérieux trou noir se sentent mal à l'aise assez rapidement, avec des symptômes de tension artérielle élevée, nausées, vomissements, maux de tête sévères, qui pourraient être typiques de cas d'intoxication par certains gaz. Le 6 septembre 1983, une expédition dirigée par Vadim Tchernobrov de l'association d'ufologie Kosmopoïsk, trouva un étrange village inhabité, que personne n'avait remarqué auparavant et dont quelques fondations sont venues au grand jour en raison de pluies torrentielles, le même groupe de chercheurs sous sa direction découvre à l'été 1994, un bâtiment détruit inhabituel qui s'est avéré être un ancien temple dont les ruines à fleur de l'herbe environnante, remonteraient au premier siècle après J.C. Le temple est large de 40 mètres, comporte deux salles de 17 m de long, par 8 m de large, de part et d'autre d'un centre de 6 m de large qui se prolonge rectiligne s'ouvrant sur 4 autres salles. La partie arrière mesure 6 mètres de large par 12 mètres de long et comprend une salle principale puis une plus étroite qui aurait pu servir aussi d'emplacement pour une porte ou rideau de séparation avec la dernière salle du fond, plus petite que les quatre autres principales, les murs sont tous plats et rectilignes. L'ensemble est orienté Nord-Est vers le Sud-Ouest, où se situe la porte d'entrée. Il est bâti presque sur la pente d'une ravine, se trouvait les fondations ont des dimensions de 30x40 mètres, la colonne inférieure constituée par la lettre "T" va au sud. L'archéologue Mikhailovna Potemkina date le temple au 1er siècle après JC. De part et d'autre, en nord-ouest et nord-ouest, deux cratères presque identiques flanquent les extérieurs des ailes. Les côtés de sa base font de 30 à 40 mètres. Les ruines sont attribuées au premier siècle de notre ère, mais les observations d'ovnis qui se produisent à seulement cent mètres de lui dans les années 2000 sont-elles, bien modernes. Par ailleurs, on peut s'interroger sur ces tunnels qui dateraient de plus de 5 000 ans, aux murs lisses et verticaux, ce n'est pas une rivière souterraine qui a creusé des canaux, mais bien une main avec des instruments raclants, les murs sont meubles et s'effritent ne serait-ce qu'avec une lime à ongles, ce n'est pas de la maçonnerie, mais une terre meuble, friable un peu sablonneuse.

SOUCOUPES VOLANTES EN PIERRE

La montagne bleue est de loin du seul endroit étrange de la Crête de Medveditsa, même si non loin furent trouvées des traces d'atterrissage d'ovnis, où des soucoupes volantes en pierre.... D'étranges disques de pierre, rappelant singulièrement un ovni, furent découverts sur la crête. Ce sont des pierres polies à la surface parfaitement lisse et uniforme, de forme régulière, que la nature n'a pas pu créer seule, représentant une soucoupe volante avec un hublot en son sommet. Un disque de 200 kilogrammes a été retrouvé par une équipe de miniers de charbon, de la société Kuzbassrazrezugol, non loin de la ville de Volgograd. L'équipe de travailleurs russes a extrait l'objet alors qu'elle vaquait à ses occupations quotidiennes. Enfouie dans une mine située à environ 40 mètres sous terre, une pierre circulaire de 1,2 mètre de diamètre fut curieusement découverte sous terre. Le disque était parfaitement circulaire et lisse présentant une double surface à l'identique d'une soucoupe volante avec son dôme. Boris Glazkov qui a trouvé l'objet et déclare qu'il était grand et très distinctif, et qu'il n'avait jamais rien vu auparavant. C'est quelque chose de mystérieux. L'objet en forme de disque a été trouvé dans une région qui est pratiquement au beau milieu de nulle part. Le 29 septembre 2015 un groupe d'enquêteurs sur les phénomènes paranormaux de l'association Kosmopoisk conduit par Vadim Tchernobrov avait déjà trouvé à Kuzbass, dans la crête de Medveditsa une nouvelle anomalie, un énorme disque de pierre, un de ces disques à la forme extraordinaire, d'un diamètre de deux mètres, puis effectuait des fouilles près de Volgograd, eux aussi sont tombés sur un imposant rocher dont la forme rappelle, sans ambiguïté, celle d'une soucoupe volante. Ce disque de pierre date de plusieurs millions d'années, et sa taille est de 4 mètres de diamètre, selon le site russe Bloknot-Volgograd. Les objets en forme de disque ont été découverts à Volgograd en Russie sont désormais environ une douzaine, dont beaucoup font un mètre de diamètre, mais l'un des disques trouvés fait plus de 4 mètres. La forme des disques ressemble fortement à l'interprétation classique des ovnis dans la culture populaire. Vadim Tchernobrov, déclare avoir déjà trouvé plus d'une douzaine d'objets en forme de soucoupe volante, qui, selon les géologues seraient des concrétions. Si on ne peut nier qu'il s'agit de disques pétrifiés de plusieurs millions d'années, il subsiste une interrogation des plus étranges, à propos des objets en forme de disque, c'est qu'ils ont tous une forme presque parfaite et revêtus d'un métal connu sous le nom de tungstène. Ce métal est souvent utilisé dans la technologie appartenant aux forces armées modernes. Le tungstène est le métal qui a le plus haut point de fusion, il est couramment utilisé pour les fusées orbitales actuelles, du fait qu'il peut supporter des températures très élevées lors de la rentrée dans l'atmosphère de la Terre. Pourquoi ces spéculations ? Parce que les disques se trouvaient sur certains sites présumés d'atterrissages d'ovnis. La découverte fut partagée ensuite via YouTube par la chaîne SecureTeam10, les images de la grue hissant la soucoupe ont rapidement fait réagir les ufologues amateurs qui sont venus nombreux sur le site les jours suivants. La théorie des concrétions ne tient pas en raison de leur forme et de la composition géologique du sol dans lequel ils se trouvaient. Il se pourrait que les objets aient été créés pour être des représentations d'ovnis. L'homme aurait poli ces pierres, mais personne ne sait qui a effectivement créé les objets qui auraient au minimum plusieurs milliers d'années, quel pouvait bien être le but. Pourquoi sont-ils recouverts, de tungstène de couleur blanchâtre. Le tungstène ne fut découvert par l'homme qu'en 1781, Carl Wilhelm Scheele prépara un acide de tungstique, et suggéra qu'il devait être possible d'obtenir un nouveau métal en réduisant cet acide. Des chercheurs y parvinrent en 1783, son nom, d'origine suédoise tung sten, qui signifie, pierre lourde, mais son industrialisation n'apparait qu'en 1910, afin d'élaborer du tungstène ductile, pour les fils de lampe à incandescence, puis vers 1925, pour la fabrication d'outils de forage en carbure de tungstène, ou des scies pour la découpe. Les disques volants en pierre pourraient bien être des symboles d'adoration des extraterrestres, car cette théorie est renforcée par l'existence d'un temple antique mystérieux en forme de soucoupe, également dans la région de Volgograd.

CIMETIERRE ANCESTRAL

Tout à fait par hasard non loin de la crête Medveditskaya, près du village en construction de Nijniyaya Dobrinka (деревней Нижняя Добринка), un bourg de 1500 habitants, des excavations réalisées pour les fondements d'habitations déterrent un ancien cimetière, contenant des squelettes de géants, des personnes de plus de 2,5 m, avec des crânes bien plus grands que les nôtres. Chose encore plus surprenante, dans l'autre rive de la rivière Medveditsa qui les sépare, dans les alentours du village de Melovatka (Меловадка), au nord-ouest, les archéologues découvrent un autre ancien cimetière, constitué de squelettes de personnes adultes de très petite taille, dont la hauteur ne dépasse pas 50-60 cm. Ces deux villages énigmatiques sont au Sud-Est de la ville de Medveditsa à seulement 20 km, et à 10 km de Jirnovsk. Le village de Nijniyaya, Dobrinka, est situé à l'Ouest du district, sur la rivière Dobrinka l'affluent rive gauche de Medveditsa, non loin de l'embouchure, dans le bas de Jirnovsk. La distance du centre administratif est d'environ 15 kilomètres vers le Nord. La superficie totale dans les limites du village est de 540 hectares. La base principale du village est composée de deux rues longitudinales, à partir desquelles le village a une étendue de 4,5 kilomètres. Dans la partie centrale on trouve des petites rues nouvellement construites sur des terres qui sont supposées ensevelir une ancienne cité, peut être Scythe. Les Scythes étaient un ensemble de peuples indo-européens d'Eurasie en grande partie nomades et parlant des langues persanes iraniennes. Originaires d'Asie centrale ils ont vécu leur apogée entre le VIIe siècle av J.C. Un ancien village ainsi que les restes d'un temple en forme de T au sommet de la crête de Medveditsa permettent de dater les lieux, habités par l'homme de -3 000 à près de -5 000 ans avant J.C. Dobrinka se situe du Medveditsky Yary, sur la rive gauche de la rivière, entre ses petits affluents Dobrinka et Lomovka. Autour de ce bourg, une chaîne de lacs et d'étangs abreuve la région d'une eau pure, dont le plus grand est le lac Liman. Aux alentours de Medveditsky Yary (Медве́дицкие яры), un haut plateau asymétrique dénudé de végétation, situé le long de la rive droite de la Medveditsa, s'étend de Medveditska à Danilovka dans le nord de la région de Volgograd. Une colonie allemande de la Volga fonda cette ville le 29 juin 1764. Les 94 premières familles sont arrivées de Wurtemberg, puis en 1886, un quart des habitants émigre pour le nouveau monde aux Etats Unis, ensuite en 1919, durant la guerre civile, elle est entièrement incendiée. En 1941, toute la population est déportée en Sibérie par le NKVD, le bourg devient ville fantôme, jusqu'au retour d'exil du Goulag de quelques familles Allemandes en 1956, date où elle renaquit de ses cendres. Aujourd'hui, ce village compte 1100 personnes, dont les 200 patients du pensionnat psycho-neurologique. L'église de la Nativité du Christ coordonnées 50.839098, 44.728544, est située au n° 19 de la rue Centrale (Нижняя Добринка, ул. Центральная, д. 19), c'est l'âme des lieux, à seulement 300 mètres d'elle vers l'Est, vous arrivez sur un petit lac cerclé d'arbres. Nous comprenons qu'ici voici 6900 ans, une période d'immigration de slaves s'est produite, puis en provenance de l'Eurasie, les Aryens sont venus de l'Inde et d'Iran par vagues, 5500 ans5000 ans, 4500 ans, 3500 ans. Les Scythes (скифы), sont un groupe de peuples qui vivaient en Europe de l'Est à l'ère de l'antiquité, étaient des nomades, non des bâtisseurs avec une taille plus petite que la moyenne actuelle et les ossements extraits des tombes sont bien plus anciens. Il se dit que les Scythes venaient chercher ici les terres des anciens, sortes de géants venus d'ailleurs. Une mission archéologique de fouilles s'était tenue en 1997, menée par l'ONPTS, organisme pour la protection des monuments de l'histoire et la culture de la région de Volgograd, sous la direction de P. E. Zakharova (П. Е. Захарова). Il découvre un groupe funéraire de 7 monticules, situé sur une colline entre la rivière Dobrinka et la zone de l'étang Shemyakinapruda (Шемякинапруда), à six kilomètres au sud-est de Dobrinka. Le monticule du premier tumulus dissimulait une tombe funéraire féminine. Le lieu de sépulture était protégé de planches et recouvert de feuilles d'or. La personne décédée était une femme, dont la tête était orientée sur le Sud-Est. Ses vêtements étaient décorés d'une fine lanière de cuir, enfilée dans des tubes ondulés dorés. Elle avait une sangle tressée fils d'or. Sur son cou elle portait un collier de perles blanches et de jade. Le peuple Scythe disparait définitivement et mystérieusement sans laisser de traces, entre le I° et II° siècles avant JC. En 1715, le tsar russe Pierre Ier commença à collectionner des trésors Scythes, maintenant ces chefs-d'œuvre de l'art ancien sont dans les musées de Russie et d'Ukraine. Beaucoup de statues représentent style animal scythe typique, montrant des figures d'animaux tels que chevaux, aigle, faucon, chat, panthère, cerf, vautour et griffon (un monstre ailé fantastique avec le corps d'un lion et la tête d'un aigle.

Dans la région éloignée de l'Oural au nord du Kazakhstan, la citadelle fortifiée d'Arkaim à environ 8,2 km au nord-est du village d'Amursky, dans la région de Tcheliabinsk, un site fut découvert en 1987, avec des sépultures de personnes de très grande taille, d'origine indo-iranienne. Les deux sites pourraient bien avoir des origines communes, en plus de la similitude d'avoir des squelettes de géants dans leurs sous-sols. Un groupe de jeunes a plongé dans un lac en Géorgie, trouvèrent une grotte sous-marine remplie de squelettes humains hauts de trois mètres. Près du lac Issyk Kul, dans le nord des montagnes du Tian

Shan au Kirghizistan. Dans les années 1930, un groupe de personnes étudie à son tour les grottes autour du lac Issyk-Koul, dans une grotte, ils découvrent trois squelettes humains, tous de trois mètres de haut. L'agence spatiale américaine fit une surprenante découverte en 2007, les scientifiques découvrent 260 ensembles géométriques dessinés au sol, certains d'entre eux atteignant 400 mètres de diamètre. Ils se trouvent au Kazakhstan et sont constitués de tranchées, monticules, remparts et constructions en pierre. Les géoglyphes sont de différentes formes géométriques, y compris des carrés, des cercles, des croix et des labyrinthes, dont la longueur atteint jusqu'à un kilomètre et le diamètre oscille de 90 à 400 mètres. Le plus grand géoglyphe est un carré géant composé de 101 monticules et dont les coins sont reliés par une croix. Même s'il est difficile de les voir au sol, ils sont facilement repérables depuis le ciel. Selon les estimations de Dmitriï Deï qui dirige le projet Turgay Discovery qui s'attache à découvrir les causes de ce phénomène, ces figures ont été construites par des Mahandzhariens qui ont vécu dans les vastes steppes du Kazakhstan entre 5 000 et 7 000 ans avant J.-C, et selon les estimations, certains d'entre eux seraient vieux de 8 000 ans, ce qui signifie qu'ils auraient trois millénaires de plus que les pyramides égyptiennes. Le 3 août 2013, le Daily Mail la photo d'une immense étoile à 5 branches dessinée sur le sol au nord du Kazakhstan, elle vient ajouter une couche de mystère aux dessins ésotériques millénaires qui jonchent les steppes du Kazakhstan, et en rapport avec les Scythes. En 2013, c'est au cours de travaux de rénovation de routes que le tombeau d'une princesse Scythes a été découvert. Selon le chef d'expédition archéologique, Timur Smagulov : « Il est tout à fait possible que la femme enterrée, soit la fille d'un roi de la tribu Saka Tigrakhuda », fin de citation. La tombe, contenait aussi de la céramique et les os d'un mouton sacrifié, elle daterait de 400 ans avant JC. Elle se trouve dans la région d'Urdzhar dans l'est du Kazakhstan à 2750 km au nord-est de Volgograd, ce qui démontre que le peuple Scythe avait un royaume plus vaste que la Rome antique, il existait 7500 ans avant l'Empire Romain puis disparut au début de l'ère chrétienne.

CRATERES INCONNUS

Le jeu du diable, à ne pas confondre avec la tanière du diable, (Чертово игрище (не путать с логовом), est un vieux cratère de sable d'origine inconnue, d'un diamètre est de 230 mètres, et d'une profondeur d'environ 8 mètres. Il est situé dans le quartier de Kotovsky (Котовском район). La couleur du sable à l'intérieur est jaune, blanc, rouge vif, rouillé. La version d'un cratère d'origine météoritique n'a à ma connaissance jamais été confirmée. La température dans le cratère de 2-3 degrés au-dessus de la température habituelle, comme si une énergie s'en dégageait. A l'intérieur sont dispersés des morceaux de sable fondu parfois transformé en verre. Les entonnoirs Ilmen (Ильменские воронки), sont des formations rondes sur la terre à la périphérie du village Ilmen (Ильмен), dans le district de Rudnyansky (Руднянском районе). C'est à environ 120 km au sud-Ouest de Saratov dans la zone la plus dense en observation d'ovnis. Ce sont 50 cratères d'un diamètre de 5 à 6 mètres chacun. Les habitants locaux ont longtemps attribué leur origine à des bombardements allemands qui auraient pu tenter de détruire un moulin à céréales se trouvant dans le secteur. Mais cela ne peut pas expliquer cette émanation énergétique permanente dans le fond des cuvettes dégageant de la chaleur palpable jour et nuit.

GROTTES

Sur une courbe abrupte de la rivière Don, dans le district de Kletsky se trouvent des grottes de craie. Situées vers le village de Melokletsky. Des ravines descendent des terres jusqu'à la rivière de différents endroits, parvenant à une falaise abrupte descendant sur des sables de craie. Des strates de craie blanche formées il y a environ 90 millions d'années émergent au-dessus des sables, l'épaisseur de la formation s'élève à 60 mètres. En raison du mouvement tectonique de la croûte terrestre qui entraîne la formation de la berge de Don, des strates de roches sont divisées en fissures. L'eau qui s'écoule portée par les vents soufflant du Nord-Ouest au Sud-Est, jusqu'au lit de la rivière depuis 100 millions d'années serait à l'origine de petites grottes naturelles et d'une multitude de niches. On y rencontrerait régulièrement à la nuit tombée, des membres de l'unité militaire 49535 se trouvant à 107 km de là, au nord-ouest de l'aéroport de Volgograd. La base de l'unité militaire в/ч 49535 est dédiée à la sécurité militaire ce qui rend plus mystérieux leur présence en ces lieux. A l'ouest du village de Melokletsky, entre d'immenses hangars et les ravines, à seulement cent mètres de l'eau, un terrain avec des traces et des cratères en cercles étranges qui ne sont pas sans rappeler Medveditsa.

ŒUFS DE DINAUSAURES

Non loin du village de Mokraya Olkhovka dans le district de Kotovsky, se trouve une accumulation de formations rocheuses sphériques que les habitants locaux les ont déjà appelés des Œufs De Dinosaures (ЯЙЦА ДИНОЗАВРОВ). Il ne reste désormais plus que quinze de ces œufs, de différents diamètres fluctuant autour d'un mètre. Leur découverte remonte à 2010, un berger de l'un des villages du district de Kotovsky, de la région de Volgograd trouve des objets sphériques mystérieux que personne n'avait jamais vu là auparavant. Pour lui, des œufs de dinosaures, une quinzaine d'œufs pétrifiés assis dans des ravins peu profonds. Le diamètre de chaque œuf est de 1 à 1,2 mètres. Ces sphères trouvées dans Mokraya Olkhovka ressemblent à d'énormes œufs géants, pour tous les habitants c'était une découverte mystérieuse, la légende et le mystère les a entourés. Coordonnées : village de Mokraya Olhovka 50 ° 28'52.29 "N, 44 ° 59'31.59" E. Ajoutant au mystère, les boules se trouvent très proches les uns des autres comme posées avec précision et se ressemblaient beaucoup, chacune ayant la même forme et la taille que les autres. Une enquête plus approfondie révèle qu'il en existe aussi en Sibérie, une découverte à l'identique en juin 2016, révèle dix gigantesques sphères en pierre, qui étaient à 30 mètres sous la terre, au fond d'une mine de charbon de la région de Krasnoïarsk, en Sibérie, plus précisément à proximité de la ville de Nazarovo. Dans cette ville sont encore ouvertes de nombreuses galeries de charbon galeries ont été laissées à l'abandon depuis plusieurs années et très fréquentées par les habitants qui viennent se servir de combustible pour l'hiver. C'est dans l'une d'entre elles que ces boules ont été découvertes. Une dizaine de sphères rondes et lisses grosses d'un peu plus d'un mètre de diamètre, furent remontées à la surface par les ouvriers. Ces sphères plus lisses d'aspect cimenteux ont la particularité de changer de couleur quand il pleut, ce changement de couleur serait provoqué par de l'oxyde de fer présent dans la roche formant ces étranges artéfacts. Mais elles diffèrent un peu de celles trouvées à Volgograd moins lisses et avec un aspect métallique d'écailles. Une étude scientifique, conclut que ce phénomène captivant est constitué de métal, de silicium et de sable, il s'agit d'une grosse pierre avec un cœur de pierre, pas de bébé dinosaure à l'intérieur. Le terme scientifique pour ces œufs anciens serait concrétions il s'agirait d'un phénomène assez commun. Ils se forment lorsque le ciment minéral est précipité dans les espaces entre les sédiments se produisant à l'intérieur de couches de strates résistant à l'érosion, de sorte qu'au fil des siècles, ces poches de ciment concrétionné prennent une forme sphérique et subsistent après que tout le reste a été emporté raviné par des eaux souterraines qui circulent entre des roches sédimentaires. Ces formations sont très rares et habituellement de tailles supérieures à 2 mètres allant jusqu'à plus de 15 tonnes. Dans un chantier de construction d'une autoroute à proximité de la ville de Gongxia, dans la province chinoise du Hunan fut découverte une épée de cuivre verdâtre immense pesant 450 kg ainsi que plusieurs centaines de sphères en forme d'œufs, allant de la taille d'un ballon à plus d'un mètre. L'épée a mystérieusement disparu quelques jours après sa découverte malgré son poids avoisinant la demi tonne, emportée par les autorités où par quelqu'un qui disposait de gros moyens de transport, mais les boules furent laissées sur place.

ILES FLOTTANTES

Les îles flottantes (ПЛАВАЮЩИЕ ОСТРОВА), sont un phénomène rare dans la nature, ces petites îles flottantes sont des enchevêtrements d'arbres et de buissons avec parfois de petites des prairies et par temps venteux se déplacent d'une rive à l'autre le long de l'eau sur les lacs Babinsky. Coordonnées : Lacs Babinsky - 50 ° 22 '16 .01 "N, 42 ° 15' 31.84" E. Dans la région de Volgograd, les îles naviguent toute l'année sur le lac Babinsky dans le district d'Alekseevsky, à l'exception du temps où la surface du lac est couverte de glace. La voie la plus facile pour se rendre aux lacs est via l'autoroute Novoanninsky Alekseevskaya, coordonnées : 50 ° 17 '26 "N, 42 ° 11' 5" E. Par temps calme, le mouvement des îles-monolithes est presque imperceptible, mais quand il y a du vent, peuvent se déplacer d'une rive à l'autre rapidement, pendant une très courte période. Sur ces îles, on trouve non seulement de l'herbe et des arbustes, mais aussi des arbres plus grands comme des bouleaux, des trembles, des aulnes et des fougères, sur les îles flottantes de Maloye Babye. Il arrive que les habitants y viennent en barque pour déjeuner dessus. Ce qui rajoute du charme au mystère du phénomène, c’est qu’elles naissent spontanément. Bien que la période de vie de certaines îles flottantes soit relativement courte, après être apparues aux périodes d’inondations de printemps, puis elles disparaissent plutôt rapidement, la navigation des grandes îles flottantes dure jusqu'à la période de congélation hivernale des eaux. Une telle différence de durée de vie peut s'expliquer par la dis similarité de la composition du sol des îles flottantes. La flore du lac Grand Babye, Bolshoye Babye est principalement composée d'herbes, la flore du lac Maloye Babye est plus diversifiée, et il y a de grands arbres avec un système racinaire complexe enchevêtré, qui empêche la destruction des îles. On peut encore régulièrement observer des pluies d’étoiles filantes en août au-dessus de la Volga, et selon les habitants des cercles lumineux apparaitraient parfois le soir à la surface de certaines îles.

Un tel phénomène mais dans un aspect différent, fut observé sur une île en forme de cercle, entourée par un plan d'eau dans les marais de Parana Delta, au nord-est de l'Argentine, découverte faite en Août 2016.

MONTAGNE-OREILLES

A près de 160 kilomètres de Volgograd, se situe le district d'Olkhovsky, son attraction principale sont des montagnes du Crétacé, qui s'étendent le long de la rive droite de la rivière Ilovli.

Les élévations de roches ont plusieurs millions d'années, ces montagnes oreilles sont selon les géologues russes, le Volgograd Pompéi, (ГОРЫ-УШИ) 50 ° 8 '5.58 "N, 45 ° 19' 28.44" E, ont une hauteur de 174 mètres au-dessus de l'océan, mais seulement hautes de 30 ou 40 mètres par rapport au terrain environnant. Cet endroit est intéressant non seulement parce qu'il est couvert de légendes et de mystère. Les montagnes datant de 30 millions d'années se trouvent dans le district de Kamyshinsky à sept kilomètres au nord-ouest de la ville de Volgograd. Ce sont deux montagnes, plutôt inclinées et rondes, debout l'une à côté de l'autre, ressemblent à des oreilles qui sortent du sol à environ 40 mètres de hauteur, sur des monticules terreux, des mamelons presque parfaitement ronds, comme artificiels. Les oreilles de Kamyshinsky sont situées à 7 km au nord-ouest du centre de la ville de Kamyshin, situées dans la partie supérieure légèrement en pente sur la rivière Kamyshinka, latitude : 51.02, longitude : 44.075.

Dans un vallon herbacé régulièrement pillé par les géologues en raison de ses innombrables fossiles de plantes tropicales ou de bois pétrifiés en roche, on trouvé des plantes magnolia fossilisés, baptisées Kamyshinskayas avec des empreintes de feuilles d'espèces d'arbres différentes. Les empreintes de plantes sont imprimées dans des grès de quartzites, qui se trouvent sous la forme de corps irrégulièrement formés à l'intérieur de sable quartzeux. Ces découvertes datent d'environ 30 millions d'années, c'est pourquoi ce terrain est unique en soi. Vous devez d'abord sortir de la ville sur l'autoroute P228, puis, au rond-point N50 06.731 E45 22.485, aller vers l'ouest, continuer tout droit. La route devient une piste de terre, autour vous remarquerez différentes usines, les montagnes sont au-delà de la zone industrielle. Cependant, le prochain obstacle qui devra être surmonté sera le ravin entre la route sur laquelle vous êtes puis les montagnes, soyez prudent, dans de nombreux endroits, la route côtoie brusquement la falaise. Au point presque à l'opposé des oreilles N50 08.270 E45 19.228, est un ravin, où des promeneurs venaient pique-niquer et prendre quelques litres d'une source d'eau limpide aux propriétés magiques qui s'est malheureusement, tarie avec les années bien qu'en creusant un peu le sol, on retrouve traces d'humidité de ce précieux breuvage mystérieux. Continuez ensuite tout droit le long de la route, passez la fosse de sable N50 08.687 E45 19.280, et à peine quelques kilomètres plus loin, le ravin prendra fin et vous pourrez vous rendre aux oreilles de Kamyshinsky N50 08.008 E45 le 19.071. Il y a pas mal de grottes artificielles, avec autour d'elles, des montagnes détenant de vifs ravins, qui peuvent aussi être descendus jusqu'aux berges. L'une des grottes détient une histoire intéressante, un chercheur du XIXe siècle rapporte de ses observations qu'elle semblait être artificiellement créé, comme un tunnel aux parois lisses. La grotte était jonchée de pierres et de sable, il ne poursuivit pas son exploration en raison d'un bourdonnement provenant du fond de la grotte. Selon une vieille légende, dans cette montagne il y a une caverne qui s'enfonce profondément dans le sol, et soi-disant un animal étrange où des êtres venus d'ailleurs y ont habité. Une autre légende raconte que dans les profondeurs des montagnes du Crétacé, se trouvait une église, un endroit voué au culte du divin, après que quelque chose soit tombé à terre en provenance du ciel comme un météore ou soucoupe volante. Les moines auraient lu des prières à cet endroit, ce ne serait qu'une légende parmi d'autres, beaucoup de grottes sont artificielles dans les montagnes car construites avec précision par les moines, les résidents du monastère, qui se trouve à proximité. Les représentants du monastère organisent d'ailleurs des excursions dans certaines grottes construites par eux-mêmes. Dans la zone Olhovskoe se situent deux monastères, le couvent Gusev de Notre Dame de Akhtyrka et celui de Svyato Troitsky Kamyanobridskiy, monastère Belogorsky. Le village de Kamenny Brod 49 ° 48'45.76 "N, 44° 28'26.02 "E, attire des touristes, des croyants orthodoxes et des géologues du monde entier, non seulement pour les grottes, mais aussi pour les sources sacrées. Certaines sources ont des propriétés curatives miraculeuses, dans l'une d'elles, l'eau est enrichie en sulfure d'hydrogène. Il y a huit sources de ce genre dans toute la Russie. La source a une odeur caractéristique d'œufs pourris, elle exerce un effet régulateur dans les artères, participant à la régulation de la pression. Le sulfure d'hydrogène prolonge la jeunesse, c'est pour cette raison qu'une légende locale déclare cette source comme une source de jouvence. Des scientifiques ont rapporté de leurs découvertes que sulfure d'hydrogène agit contre le vieillissement prématuré. Les bains améliorent la circulation sanguine, la qualité de l'épiderme, éliminent les problèmes de peau, l'effet sur le corps agit sur le flux sanguin coronaire et le système musculosquelettique, après quelques minutes de contact avec de l'hydrogène sulfuré gazeux, on observe aussi une restauration de la mobilité chez des patient ayant des membres impotents. L'effet positif des est observé avec l'apparition d'une rougeur intense, accompagnée d'une circulation sanguine améliorée, une baisse de tension, une restauration de l'épiderme et de son l'élasticité et les rides sont lissées, certaines disparaissent. Agissant sur des enzymes actifs, les sirtuines qui régulent le métabolisme énergétique, ce qui affecte la production d'antioxydants naturels. Dénommées protéines de longévité, les sirtuines, sont présents dans les tissus de presque toutes les formes de vie, des organismes unicellulaires aux plantes et aux mammifères, contrôlant le rythme du vieillissement. Une fois stimulées, elles ralentissent le cours du temps en agissant sur la réparation de notre patrimoine génétique d'origine. Vous avez dit légende de source de jouvence, peut-être pas seulement une légende, les touristes considèrent ces sources comme sacrées. Dans une note en bas de la page 501 de l'ouvrage : « Description géologique de la Russie Européenne » en deux parties, publiée en russe à Saint-Pétersbourg en 1849, l'explorateur et président de la Société géologique et géographique de Londres, Roderick Impey Murchison explique qu'une collection extraordinaire de fossiles qu'il a amassé aurait été laissée à Moscou lors de son retour en Angleterre. En 1840, sir Roderick Murchison engagea M. de Verneuil pour étudier avec lui la structure géologique de la Russie, alors très-peu connue, et des passionnés sont à la recherche de cette collection perdue et en particulier de spécimens étranges datant de plusieurs millions d'années, de plantes et d'animaux qu'il aurait trouvé et qui n'appartiendraient pas au système biologique terrestre.

Autour de cette étende de Scherbakovskaya Gully, tout n'est que verdure et pentes douces recouvertes couvertes de forêts, parfois avec des falaises rocheuses bercées de cascades, on ne compte plus les nombreuses sources et ruisseaux de montagne qui s'y trouvent. La végétation est si variée que l'on peut observer à proximité de Volgograd un lac de lotus dans la plaine inondable de Volga-Akhtuba, non loin de Volgograd et de Volzhsly. C'est un petit lac qui attire des visiteurs de tout le pays pour voir fleurir les lotus d'août à septembre. Les observations d'ovnis sont fréquentes en raison de la présente importante d'amoureux de la nature dans des plages horaires nocturnes où très matinales, car de pêcheurs viennent vers Volgograd de toute la Russie.

PILIERS DE GEANTS

Les hautes collines de craie situées dans le parc naturel de Donskoï, arrivent en douceur sur les falaises de craie s'étendant le long du littoral de la rivière Don et se terminant par une falaise de 70 à 100 km. Du haut des collines de craie, on peut profiter d'une vue panoramique impressionnante sur des ravins aboutissant sur la rivière Don, des îles, des criques, de nombreux canaux et affluents. A la limite de l'oblast de Volgograd et de Saratov, sur le flanc ouest de la Volga à 6 km du village de Scherbatovka, dix piliers géants d'environ cent mètres de hauteur constituent Stolbichi 50 29.830 N, 45 47.684 E. Une falaise abrupte comme creusée par une main géante, d'une couleur ocre jaunâtre oranger s'élève tel un mur infranchissable. Cette montagne à flanc de rivière surplombe la Volga depuis 150 000 ans lorsque la mer caspienne s'est abaissée. Elle change de couleur en fonction de l'éclairage et des heures de la journée. A seulement 150 km de l'épicentre des atterrissages d'ovnis les plus fréquents. Il se dit que ses reflets dans l'eau de la rivière sont parfois troublés par le passage d'étranges disques immergés à grande vélocité, disparaissant vers le sud dans un sillon écumeux.

TEMPLE MYSTERIEUX EN FORME DE SOUCOUPE

Il existe un temple en forme de disque rond au sol, qui donne l'impression d'une soucoupe volante vu du ciel, il se trouve à 52,2 km au nord-ouest de Volgograd. Sa découverte fut faite par l'archéologue bien connu Anatoly Stepanovich Skripkin. Il s'agit du seul temple de ce type en Europe et peut-être partout dans le monde. Tout d'abord, sa taille est frappante, la zone est entourée d'un fossé a environ 200 mètres de diamètre, ce qui est 1,5 fois plus grand que Stonehenge en Angleterre et haut de 56 mètres. L'âge du temple ne peut être déterminé avec précision, mais les scientifiques suggèrent qu'il a été érigé il y a 2500 à 5000 ans. Les habitants ont vu une lumière bleue allant du ciel jusqu'au sol, des soucoupes volantes parfois au-dessus de ce temple antique baptisé du nom du village voisin de Trekhostrovskaya, en contre bas des flancs de montagne. Le temple se tient dans la courbe du Don à égale distance de la rivière, neuf kilomètres du Nord, neuf de l'Est et neuf du Sud. Cet endroit est considéré comme rempli de hautes énergies. Les téléphones portables se déchargent ici et cessent de fonctionner, mais les gens connaissent une poussée extraordinaire d'énergie et d'intense vigueur. Sorte de cheminée énergétique et temporelle. C'est un monticule énorme qui a toujours été considéré comme un lieu détenteur de pouvoirs par les habitants. La colline d'origine artificielle avec un diamètre d'environ 200 mètres est arrondie, et entourée d'un fossé circulaire impressionnant en forme d'anneau, ce dernier était initialement plus profond, mais au bout de plusieurs milliers d'années, il s'est comblé avec les sédiments. Avec les siècles le dôme s'est effrité à l'identique d'une assiette arrondie retournée d'aspect mou, recouverte de plantes et de mousses herbacées. Au centre de la colline, il y a un énorme four d'architecture complexe de 40 mètres, dans lequel le feu a été maintenu allumé pendant des centaines ou des milliers d'années qui va jusqu'au bord du cercle. A la fin du XIXe siècle, le marchand Pierre Avdeev (Петр Авдеев) cherchait de l'or dans la butte, mais tous ses espoirs d'enrichissement se limitèrent à l'extraction de quelques wagons de charbon. Plusieurs tentatives répétées de fouilles archéologiques furent conduites ici, notamment dans les années 20, une expédition archéologique sérieuse s'efforce à nouveau de percer le mystère du monticule. Toute la terre fouillée du matin au soir durant la journée revient mystérieusement à sa place, la nuit, pendant que cela arrivait, les chevaux se sont détachés et ont fui. L'expédition échoue, la terrible force sombre du monticule, ne veut pas être dérangée. Et ce n'est qu'à la fin du XXe siècle que des fouilles archéologiques ont ouvert au monde un étonnant temple des adorateurs du feu indo-iraniens, un ancien lieu de culte comparable aux pyramides égyptiennes. Les anciens zoroastriens appelaient cet endroit le nombril de la Terre. Selon les recherches archéologiques, l'âge du temple du Dieu du Feu Agni (храма бога огня Агни), aurait plus de 5000 ans, mais cette estimation est certainement en-dessous de la réalité. Il s'avère que le culte de ce dieu remonte à la plus ancienne unité indo-européenne de sorte qu'Agni était vénéré en Inde avec des rituels sacrificiels. Ce monticule circulaire de Trexosrovskaya Kapiche (Трехостровская Капище) est au milieu d'une plaine, il peut décevoir, par son aspect abandonné, il n'y a pas de fouilles archéologiques, seulement sur un côté, une trentaine de cônes de forages ont laissé à un moment des traces sur un flanc. Pas très profonds et qui n'ont même pas entamé la couche supérieure du dôme, ils ont rapidement pratiquement disparu, comme comblés à nouveau. Le fond et les murs de l'ancien four qui étaient recouverts de pierres blanches réfractaires sont remplis de sable, il demeure quelques pierres blanches concassées, mais beaucoup furent emportées en souvenir. Une saignée dans le dôme du temple, allant du flanc jusqu'au centre témoigne de cette activité, on peut la voir sur certaines photos aériennes, puis à un moment cette crevasse s'est automatiquement comblée à son tour sans intervention de l'homme en très peu de temps, comme si le dôme se régénérait tout seul, vous avez-dit étrange. Pendant la Grande Guerre patriotique la seconde guerre mondiale, les troupes allemandes étaient avides de cet endroit. Les scientifiques de la société secrète, Ahnenerbe croyaient que quelque part à proximité des montagnes Roumaines (Румын-горы), se trouvait l'entrée de Shambhala, un monde mystique aux forces vibratoires et énergétiques puissantes. Cette hypothèse est corroborée par la fondatrice de la Société théosophique, Helena Petrovna Blavatsky, elle évoque Shambhala dans son livre La Doctrine Secrète. Helena Petrovna Blavatsky (Елена Петровна Блаватская), bien que née en Ukraine à Ekaterinoslav, aujourd'hui Dnipro, avait vécu dans la région de Saratov au Nord de Volgograd dans ses jeunes années. Cette écrivaine journaliste était initiatrice d'un courant ésotérique plutôt new âge. Lorsqu'Helena perd sa mère à 11 ans en juillet 1842, elle va vivre chez son grand-père maternel, Andreï Mikhaïlovitch de Fadeïev, alors gouverneur de la ville de Saratov, puis elle se rend à Astrakhan. Elle passe sa jeunesse dans cette région riche en phénomènes inexpliqués et apparitions d'ovnis. Même la célèbre prophétesse Vanga, croyait que le Don est l'un des points d'énergie les plus importants pour la planète entière. Peut-être que c'était juste sur la montagne Roumaine et le temple des adorateurs du feu, où se serait concentrée toute cette énergie. Cette montagne Roumaine, qui depuis de nombreuses années a attiré l'attention des ufologues du monde entier, est de l'avis de tous, un des rares endroits sur la planète où le flux d'énergie des entrailles de la Terre rencontre le flux d'énergie provenant de l'espace extra-atmosphérique, un lieu de cosmo énergétique. Il est presque impossible de demeurer sur la montagne Roumaine pendant plus de 20 minutes en raison de terribles maux de tête qu'elle occasionne.

La montagne roumaine (Румын-гора Трехостровская Городищенского района), est la zone paranormale près du village de Trekhostrovskaya du district Gorodischensky. L'ancien temple Kapische (капище) et la montagne roumaine Rymy Gora (Румын-гора) se trouvent dans le parc naturel Donskoy (парке Донской), non loin de la gare Trekhostrovskaya (Трехостровской), district d'Ilovlinsky (Иловлинского), région de Volgograd.

Comment arriver ? Par transport personnel en prenant l'autoroute Volgograd-Moscou, tournez vers le Don au panneau Jardins Pridonya (Сады Придонья). Puis au passage Trehostrovskuy (Трехостровскую), le bac ferry fonctionne de 6h30 à 19h30 avec une traversée toutes les 20 minutes, de là, pousser vers Panichino (Паньшино) puis partir vers Xlebnyi (Хлебный) prendre la direction de Zimoveiskyi (Зимовейский) au Nord. Vous sortez du village, vous allez vous diriger encore vers le Nord, après 200 mètres vous passez une première montagne qui se trouvera à votre gauche, allez tout droit, vous trouvez une autre montagne après 1,5 km en face de vous, la route repart sur la droite sur 1,3 km a un croisement vous repartez vers le nord et vous passez une autre montagne qui se trouvera à votre gauche 500 mètres plus loin, ensuite la route va tourner à l'ouest vers la gauche environ 500 mètres plus loin puis deux kilomètres en ligne droite, la route arrive directement sur le monticule, coordonnées 49°09'48.9"N 43°55'26.8"E. Vous pouvez également partir de Volgograd vers Ilovli (Иловли), 70 km par bus tous les jours à 8h45, 10h00, 12h50, 14h50, 17h00. Puis en taxi d'Ilovli à la gare Trekhostrovskaya pour reprendre un direct, départs de 5h40, 15h50 tous les jours. Une fois sur place vous pouvez vous loger non loin de Panichino (Паньшино) au centre de loisirs Kasatka (Касатка) tél. 8442 91-29-03, compter à partir de 1200 roubles par jour pour une chambre à 2 lits. Dans le sanatorium Katsalinskyi (Качалинский) tél. 8 (84467) 5-84- 44 à partir de 980 roubles par jour et par personne. Vous pouvez également rester dans un camping de tentes sur la rive droite du Don pour 50 roubles par personne et par jour, environ 3 euros change de 2017. A proximité se trouve la montagne Roumaine, un endroit choisi par les ufologues dont on dit que l'énergétique spéciale de cet endroit affecte grandement une personne, le lieu vous emplit d'énergie, mais en quelques minutes la tête commence à faire mal.

Sur le versant nord de la montagne se trouve la source Filimonovsky (Филимоновский родник), où vous pourrez vous détendre et reprendre des forces après cette expérience paranormale. Il est également intéressant de gravir le plateau des Venchy (Венцы), Pour ce faire, vous devez conduire sur environ 10 kilomètres le long de la route de terre au Nord-Ouest de Trehostrovskoy (Трехостровской). Le point le plus haut culmine à 252 mètres au- dessus du niveau de la mer, offrant des panoramas visuels exceptionnels. Selon la rumeur, ici ont également été vus à plusieurs reprises différents ovnis, et d'autres phénomènes anormaux. Sensiblement au Nord de cette région, les habitants du pays racontent une histoire au sujet de personnes qui ont vécu ici il y a plusieurs siècles, et qui ont été exterminés par une force puissante inconnue. Un fait intéressant est venu corroborer ce souvenir collectif, par le fait que près de différentes constructions de villages, ont été trouvées par hasard, des sépultures antiques, dans un cimetière d'où furent extraits des squelettes humains géants de personnes de plus de deux mètres. Les anciens se souviennent également avoir déterré des crânes humains, plus que le double que d'habitude, à l'occasion du sillonnage des labours. De l'autre côté de la rivière, dans un village, des chercheurs ont trouvé une ancienne sépulture de personnes de très petite taille n'excédant pas 50-60 cm dans leur taille adulte. Cette région est fertile en curiosités, environ 30 km Sud-Ouest, s'étend l'immense étendue de sable de Goloubinskaya Lesky, atteignant parfois 300 mètres de largeur à peut-être 100 kilomètres de Volgograd au Nord-Ouest, près de la route Morozovsk-Volgograd M21. De très nombreux scientifiques attribuent les sables de Golubinsk à un phénomène inhabituel et inexpliqué de la nature. Les sables de Golubinsk avec leurs collines de sable de 10-11 mètres de haut, sont divisés, en deux grandes parties. Cela a été noté par B.B. Polynov, un géographe académicien ayant a étudié et décrit les sables de la vallée du Don au début du 20ème siècle. La première partie est plus élevée, se rapprochant à l'est de la rive, de la steppe limoneuse sablonneuse, dont la hauteur est de 110 à 70 mètres. La deuxième partie, la plus basse est recouverte de dunes d'une hauteur de 50 mètres alors que la hauteur du fleuve Don n'est que de 36 mètres. La longueur totale avoisine 28 km et s'étend du Nord-Est au Sud-Ouest le long d'une courbe du Don, allant de Kalach-na-Don à Peskovatka avec des largeurs variables comprises entre 8 kilomètres dans la partie la plus large à deux kilomètres dans les extrémités.

QUELQUES TEMOIGNAGES UFOLOGIQUES

Parmi une grande quantité d'affaires et de témoignages, j'ai sélectionné quelques-unes, principalement centrées sur la région de Volgograd, accompagnées parfois de quelques autres qui se sont déroulées ailleurs mais qui peuvent apporter un éclairage sur les contextes, la similitude de faits, ou une complémentarité.

En 1954, sur les polygones Krasny Kout et Kapustin Yar on envoya des avions de chasse à la poursuite d'Ovnis et ils disparurent. Du côté américain, le sénateur américain Richard B. Russell qui servira 38 ans au sénat américain, voit de ses yeux un ovni en Union Soviétique, le 4 octobre 1955. Il se trouvait à bord d'un train, il interpella un autre militaire qui vit la même chose que lui au travers de la fenêtre, une soucoupe volante en forme de disque. Juste après 19h55 le soir du 4 octobre 1955 dans la région de Transcaucasie, le train se déplace, le sénateur observe un disque, une soucoupe volante vers le Sud au travers de la fenêtre, son étonnement est grand. Le disque s'élève à la verticale lentement et se dirige vers le Nord. L'Interprète Ruben Efron dira à la CIA qu'il a de bons yeux et que l'objet donnait l'impression de planer. Le train roulait vers le nord en provenance de la Transcaucasie (Закавказская) ou Caucase du Sud, l'une des républiques fondatrices de l'Union soviétique de 1922, un espace géographique du sud du Caucase composé de la Géorgie, de l'Arménie et de l'Azerbaïdjan. Selon la constitution de l'Union soviétique en 1936, la RSS d'Azerbaïdjan, d'Arménie et de la RSS de Géorgie ont rejoint l'URSS en tant que républiques soviétiques indépendantes mais pour les Nord-Américains dans leur rapport c'était plus simple de résumer. La soucoupe volante avait une trajectoire parallèle aux rails de chemin de fer puisqu'elle aussi s'est dirigée vers le haut et le Nord. Le rapport qu'il rédigea à son retour fut un des 12 secrets majeurs protégés et connus à la fois de la CIA, du FBI et de l'Etat-major des Forces aériennes Nord-Américaines, le dossier ne fut déclassifié et ouvert au public qu'en 1985 : « Au total, quatre personnes qui étaient dans le compartiment virent la soucoupe volante qui se déplaçait en ascension verticale à une altitude de 6 000 pieds à environ 1800 mètres donc, l'objet prit de la vitesse pour aller ensuite vers le nord, le Col. Hathaway, le Sénateur Richard B. Russell, Mr Ebron Efron interprète et monsieur X ». Le Col. Hathaway signa son rapport en disant que le sénateur lui demanda de regarder par la fenêtre, ce qu'il fit et vit de ses yeux l'ovni à son tour, puis tous ensemble virent la même chose bouger dans le ciel à presque deux milles mètres, donc très haut dans le ciel. La seconde fois lors du même voyage ils virent une autre soucoupe volante à environ 2 km au sud de la ligne de chemin de fer, l'observation dura une, deux ou trois minutes, selon eux ce n'était pas la même, un officier du NKVD entra au bout de quelques minutes dans le wagon et leur dit à tous de ne plus regarder par la fenêtre du train, ce qu'ils firent. Au moment de sa mort en 1971 Richard B. Russell était un des sénateurs les plus influents rien ne filtra jusqu'à ce que le Dr. Bruce Maccabee obtienne des documents secrets déclassifiés en raison du Freedom of Information Act (FOIA). Le rapport initial fut rédigé par le représentant de l'Air Force et membre des services secrets nord-américains, le lieutenant-colonel Thomas Ryan, il rencontre le sénateur et les autres observateurs dès leur arrivée à l'Ambassade des Etats Unis de Prague le 13 octobre 1955 en Tchécoslovaquie. Le lieutenant-colonel signale dans le rapport la forme non conventionnelle de cet avion et la fiabilité de l'observation des témoins. La CIA interrogera tous les témoins à leur retour, au total quatre personnes, pour corroborer leurs allégations séparément et les comparer au rapport. La quatrième personne présente n'est pas mentionnée car c'était un espion de la CIA qui accompagnait les membres de la délégation américaine en URSS. Un mémorandum du FBI est enregistré le 4 novembre 1955 à ce sujet comptant le témoignage du Colonel Hathaway, affirmant l'existence de la soucoupe volante, le docteur Maccabee fondateur d'un centre de recherché ufologique qui consulte le rapport 30 ans plus tard croit en la parole du sénateur Russell, les quatre observateurs n'en avaient jamais parlé à personne en dehors des services secrets américains : « And group never publicly revealed their incredible sightings because they were no doubt advised not to talk. These documents provide startling new evidence that UFOs exist », selon lui c'est la preuve que les ovnis existent. Sans que l'on puisse pour le moment lier les affaires, il s'est passé quelque chose en Russie 1955 entre novembre et décembre, une présence d'au moins deux soucoupes volantes en trois endroits dont deux bases de fusées, les tentatives pour les intercepter avec des MIG échouèrent et au moins un des engins fut abattu par une ou des fusées balistiques des forces armées soviétiques dans la stratosphère. Des fragments furent retrouvés au sol, et l'explosion fut suivie par des astronomes civils et militaires. Du côté américain la presse est intriguée par ce qui se passe de l'autre côté du rideau de fer, et ces observations attisent de l'intérêt, un journaliste se souvient de la visite du Sénateur en Union Soviétique et que curieusement à son retour rien n'avait été donné aux journaux comme il était d'usage à l'époque. Tout américain qui avait eu l'occasion d'aller à l'Est faisait état à grand renforts de détails, de tout ce qui pouvait discréditer URSS, et dans le cas de ce Sénateur, il n'y avait rien à dire. Mr. Tom Towers publie le 20 janvier 1957 dans les colonnes de la gazette Aviation News de Los Angeles la réponse du sénateur

Russell à sa demande la permission de lui faire part des tenants de sa mission en Europe, et le sénateur décline : « Mr. Towers had originally contacted Senator Russell's office by letter with the request that he be given permission to "break" the story. The Senator wrote, Permit me to acknowledge your letters relative to reports that have corne to you regarding aerial objects seen in Europe last year. 1 received your letter, but 1 have discussed this matter with the affected agencies of the government, and they are of the opinion that it is not wise to publicize this matter at this time. 1 regret very much that 1 am unable to be of assistance to you ». Il l'informe que les agences gouvernementales ne l'autorisent pas à divulguer quoi que ce soit, au sujet de l'observation d'objets volants faites un an auparavant et qu'il ne peut lui prêter assistance dans son article.

1955 – создана специальная сверхсекретная группа (или комитет) по исследованиям НЛО в СССР (в Капустином Яре), а также – Архив МО СССР по НЛО – в подземном бункере на полигонге Красный Кут Саратовской области (в подземном бункере в районе специализированного поселка Березовка-2), по данным Е.Валмера из Саратова. Создание архива было вызвано резонансным случаем наблюдения нескольких НЛО в 1954г. над объектами полигонов Красный Кут и Капустин Яр. Посланные на их перехват истребители исчезли.

En 1955 un groupe top secret spécial, (ou comité) fut créé pour la recherche ovni en Union soviétique à Kapustin Yar, par la suite le Ministère de la défense de l'URSS créa aussi un site d'Archives ufologiques à l'intérieur d'une installation souterraine dans le polygone de Krasny Kout, région de Saratov, un bunker souterrain près du village Berezovka 2, à environ 200-230 km au Sud-Est de Voronej selon E. Valmer de Saratov. Krasny Kout, se situé entre Stalingrad et Saratov, légèrement à l'Est à 270 km environ au Nord de Kapustin Yar, pour mémoire le site est à quelques 130 km du site de l'atterrissage en catastrophe du pilote qui en 1949 tenta d'abattre pour la seconde fois (1948 la première, 1949 la seconde) un ovni qui survolait les rampes de fusées de la base secrète de Kapustin Yar. Cette redondance initia la création de comités spéciaux en raison de cas répétitifs d'observations de plusieurs ovnis en 1954, des objets non identifiés au-dessus des polygones de Krasny Kout et de Kapustin Yar ayant échappé aux poursuites engagées par les MIG pour les intercepter. Toutefois la création de bunkers pour contenir dans un premier temps des sites d'archivage et de stockage démarrent cette année-là, car le premier ovni abattu par un missile balistique lancé depuis Kapustin Yar aurait eu lieu en cette année 1955 avec pour conséquence la récolte de débris multiples, cela se passe le 18 décembre 1955.

18.12 1955, взрыв НЛО на орбите Земли, по данным астронома Дж.Бигбю, обнаружившего его крупные фрагменты в околоземном пространстве, не исключено падение и рассеяние некоторых малых обломков или микрофрагментов. (Очевидно, этот объект был взорван неизвестными разумными силами).

Le 18 décembre 1955 explose un ovni en orbite autour de la terre selon l'astronome Dj. Bigbyu qui a trouvé de grands fragments sur Terre, on n'empêche pas de tomber quelques petits débris ou la diffusion micro fragments. De toute évidence, cette installation a été détruite par les forces inconnues. De nos jours, la base de test Glits Volsk (Вольск ГЛИЦ МО РФ) située à Volsk dans la région de Saratov, est un centre aéronautique, qui expérimente les systèmes aéronautiques et aérostatiques complexes et aussi des structures pneumatiques à des fins militaires, elle fait partie des trois grands centres expérimentaux pour tout engin volant en Russie, Volsk à Saratov, Akhtubinsk au sud de Kapustin Yar et Tchkalovski au Nord-Est de Moscou. Dans ces trois bases sont concentrées toutes les technologies d'aéronefs imaginables, y compris certains engins spatiaux habitables. Deux ans plus tard en 1957 est créé la branche sibérienne (SB) de l'Académie des sciences de l'URSS et le laboratoire à Akademgorodok un quartier de la ville de Novossibirsk, en Sibérie. Elle se trouve à environ 20 kilomètres au Sud-Est du centre de Novossibirsk. À côté de l'Institut de physique nucléaire de l'Académie des sciences le laboratoire sera également engagé dans la recherche spatiale et les études ovnis du groupe SETKA AN à partir de 1978. Cette même année 1957 V. P. Burdakov lui-même, vit le rapport signé par des scientifiques éminents de l'Académie URSS. Le rapport conclut que le fragment est d'origine extra-terrestre présumé : « J'ai étudié en Union soviétique un fragment ovni comme un cône émoussé » fin de citation. Il est possible que ces deux premiers bunkers officiels soient un dépôt de stockage de débris d'ovnis les premiers centres d'études et d'archivage. En tout cas c'est la première trace de l'existence d'un bunker à Kapustin Yar qui aurait pu être agrandit 24 ans plus tard en 1979 lors du grand lancement d'enquête nationale sur les ovnis par l'Académie des Sciences et le Ministère de l'Armée qui recevaient 40 millions de roubles par an chacun pour financer les études sur les ovnis, un bunker dit numéro 754 aurait été construit de 1979 à 1989 suite au grand projet SETKA destiné à récolter tout témoignage et toute preuve physique concernant les ovnis en URSS.

1957

Les journaux d'Etat signalent des engins volants non identifiés au-dessus de l'URSS dès 1957, les trois cas de 1959 suivants ont également été cités par autre Ufologue Russe que je recommande, Gerhrstein Mikhail ainsi que son livre Secrets d'Ovnis et d'Extraterrestres (Тайни НЛО и пришельцев) en langue Russe, édité à St Pétersbourg 2007, ISBN 5-17-041429-3, Editions Sova (COBA) (Hibou). Son second Ouvrage : Les Secrets de Crash d'Ovnis ISBN 5-17-041431-5, Editions Sova (COBA), St. Pétersbourg 2007. Il publia des articles sur ces sujets dans la gazette Anomalia.

Le 18 février 1959 dans le journal Tagilsky Rabochiy Тагильский Рабочий), situé aujourd'hui rue Ulytsa Gazetnaya numéro 81, dans la ville de Nizhny Tagil, région de Svreldlovsk, est publié un article résumant la lettre d'un témoin oculaire A. Kissel, sans aucun autre commentaire. A cette époque, le mot ovni était inconnu des citoyens soviétiques, et il était simplement intitulé Un phénomène céleste inhabituel : « A 6 heures et 55 minutes d'hier, heure locale, au Sud-Est à une altitude de 20 degrés de l'horizon est apparue une boule incandescente de la taille du diamètre apparent de la Lune, la balle s'est déplacée dans une direction vers le Nord-Est. Environ 7 heures à l'intérieur il y avait un flash, le noyau très lumineux de la balle est devenu visible. Lui-même commença à briller plus intensément, près de lui parut un nuage lumineux, penché vers le Sud. Le nuage s'est étendu à toute la partie orientale du ciel. Peu de temps après, une deuxième sphère elliptique s'est produite, elle ressemblait à une faucille de la Lune. Graduellement, le nuage a augmenté, au centre il restait un point lumineux, cette luminescence était de grandeur variable. La balle s'est déplacée en direction de l'est-nord-est. La plus grande hauteur au-dessus de l'horizon, 30 degrés, a été atteinte vers 7h05. Poursuivant le mouvement, ce phénomène inhabituel a été affaibli et effacé. Pensant qu'il était en quelque sorte connecté avec le satellite, j'ai allumé le récepteur, mais il n'y avait pas de réception de signal. Pour avoir permis la publication de cette lettre, le rédacteur en chef du journal a reçu une réprimande officielle malgré les faits :

« Le 17 Février 1959, à 6.50 heure locale, est apparu dans le ciel un phénomène inhabituel, le mouvement d'une étoile avec une queue, comme un cirrus dense, a rapporté le technicien météorologique Tokarev, au chef du département de police d'Ivdelsk, dans la région de Sverdlovsk en Russie. Ensuite, l'étoile sans la queue, est devenue une étoile plus lumineuse et vola, elle a progressivement commencé à gonfler pour ainsi dire, formant un grand bol, enveloppé dans le brouillard. Puis, à l'intérieur de l'étoile s'est éclairée une autre boule en demi-lune, avant de former une petite boule, pas si brillante. La grosse boule commença à s'estomper progressivement, devenant comme une tache floue. À 7h05, elle a complètement disparu. L'étoile s'est déplacée du sud au Nord-Est ».

Les soldats d'Ivdelsk, alors de service de garde, ont vu la même chose :

« Sur le côté sud est apparu une boule de blanc brillant, parfois enveloppé dans le brouillard, à l'intérieur, une étoile brillante, a déclaré le technicien A. Savkin. J'ai marché vers le Nord, je pouvais la voir durant 8 à 10 minutes. Un autre militaire, Anatoly Leontyevich Anisimov de l'unité militaire n° 6602, fut interrogé deux mois plus tard par le procureur de la ville d'Ivdel :

« Le 17 février 1959, J'étais de service. A ce moment, du côté Sud, apparaissait une boule de grande taille, enveloppée dans la brume blanche d'un grand cercle. En se déplaçant à travers le ciel, la balle a ensuite augmenté, puis réduit sa luminosité. Avec sa diminution, la balle s'est cachée dans un brouillard blanc, et seul un point lumineux a pu être vu à travers ce brouillard. Périodiquement, le point lumineux a augmenté sa luminosité, augmentait également en taille. Avec l'augmentation de la luminosité du point lumineux, qui prenait la forme d'une sphère, il semblait pousser une brume blanche, tout en grandissant sa densité le long des bords, puis se cachant dans le brouillard. L'impression était que la balle elle-même rayonnait dans cette brume blanche, qui avait la forme d'un cercle. La balle s'est déplacée très lentement et à haute altitude. Elle était visible environ 10 minutes, puis a disparu dans la direction du nord, comme si fondu ».

À des dizaines de kilomètres d'Ivdel, un résident du village de Karaul dans la région de Novolaly, G.I. Skorykh, a été réveillé par le cri de sa femme : « Regarde, une boule vole et tourne ».

Georgy Ivanovich a sauté sur le porche et a vu le soleil brillant dans le brouillard. La balle s'est déplacée en ligne droite, strictement du sud au nord, et sa couleur est passée du rouge au vert. L'alternance de couleurs s'est produite périodiquement, un objet non identifié a enveloppé la coquille blanche. La balle disparut rapidement et disparut quelques secondes plus tard derrière l'horizon. Selon George Ivanovich, la balle a volé le long de la crête de l'Oural à une très grande distance.

Le 31 mars, le phénomène a été répété. Une des unités militaires gardant un camp des prisonniers a été mise en alerte. Le message téléphonique a été reçu par le secrétaire du comité du parti Soviétique de la ville Ivdelsk et le vice-président du comité exécutif de la ville :

« Prodanov, Vishnevsky.

Le 31 septembre 1959, vers 9h30 heure locale.

Le trente et un mars 1959, à quatre heures, dans la direction sud-est, Mescheryakov, remarque un grand anneau de feu qui pendant 20 minutes est venu vers nous, pour cacher sur la hauteur 880. Avant de s'échapper au-delà de l'horizon, du centre de l'étoile un anneau est apparu, il a progressivement augmenté jusqu'à atteindre la taille de la Lune, puis a commencé à tomber, en se séparant de l'anneau.

Un phénomène inhabituel a été observé par de nombreuses personnes mises en état d'alerte. S'il vous plaît expliquez ce phénomène, il produit l'impression inquiétante.

Avenburg, Potapov, Sogrin ».

Membre éminent de la Société géographique de l'URSS, O. Shtraukh du village Polunochnoe, quartier nommé Minuit de la ville d'Ivdel de la région de Sverdlovsk, a enregistré son observation dans le journal de bord de l'observatoire :

« Le trente et un mars 1959 de 3.59. A 4h10, le phénomène suivant a été observé du Sud-Ouest au Nord-Est sur le village, un corps lumineux globulaire est passé assez rapidement. Un disque incandescent, presque aussi grand qu'une pleine lune, d'un blanc bleuté, il était entouré d'une grande aura bleuâtre. Parfois, ce halo brillait, ressemblant à des éclairs lointains. Lorsque le corps disparut au-delà de l'horizon, le ciel de cet endroit fut éclairé quelques minutes de plus », fin de citation.

Un phénomène similaire a été observé par les résidents du quartier de Minuit le 17.02.59 à 7.10. Au matin, derrière la trace lumineuse, il y avait une trace sous la forme d'une brume.

1961

Le matin du 12 avril 1961, une grande boule de feu rouge vola vers le Nord-Est, région de Volgograd.

En Carélie le 27 avril 1961, un garde forestier du nom de Vassili Brodvski trouva une fosse de 27 mètres de long par 15 mètres de large et sur 3 mètres de profondeur, elle se continuait par une tranchée qui menait au lac gelé de Korp. La trace n'existait pas la veille au soir. Une enquête diligentée une semaine plus tard détermina que la tranchée continuait sous l'eau du lac où un amas de terre laissait penser qu'elle avait été repoussée de force par quelque chose qui avançait vers l'eau. On dirait qu'un objet sphérique ou soucoupe s'est enfoncée au fond du lac puis en est ressortie en marche arrière sur une bande de terre de plus de 20 mètres, s'est posée un instant, et s'est envolée à la verticale, laissant un trou circulaire sur la glace et le sol gelé dur comme de la pierre. Les enquêteurs trouvent des graines noires sur la rive, elles sont analysées en laboratoire, leur composition chimique est métallique et complexe, ne peut être obtenue que par une fusion à haute température, les graines résistent à l'action des acides et ne sont pas d'origine organique. Avec les années, les lieux de la découverte se sont recouverts d'une dense et verdoyante végétation spontanée.

Volgograd 1967

À l'été 1967 trois personnes, l'ingénieur-géophysicien Austin Remir Rudolfovich, le contremaître des travaux de forage Doronin Nikolay Ivanovich et le maître de forage principal Marin sont sortis de la forêt vers la soirée. Austin regarda autour de lui et vit qu'il y avait une pleine lune sur la droite. Soudain, il sentit que la lune semblait tomber sur lui et se pencha instinctivement : « Quand j'ai regardé le ciel, j'ai vu que la lune était en place, et la boule de feu d'une forme ronde régulière de couleur rougeâtre volait, descendant vers le sol à un angle d'environ 30 degrés. La partie arrière du ballon commença à s'estomper, elle était suivie d'étincelles ardentes. Puis une boule plus petite s'est séparée et a immédiatement volé dans la direction opposée au mouvement de la sphère mère qui s''est progressivement estompée, tout s'est déroulé sans aucun son, dans un silence absolu.

La revue Spoutnik numéro 7 de Décembre 67, présente à la une, différents cas d'ovnis qui ont la même particularité, ils ont tous été observés par des scientifiques, cette même année le Professeur Constantinov, vice-président de l'Académie des Sciences d'URSS participe à la publication d'un livre consacré aux ovnis : Le Cosmos Habité. Le 18 octobre 1967, le gouvernement soviétique crée une Commission Permanente pour la Cosmonautique, chargée d'étudier les rapports concernant les extraterrestres et les objets volants non identifiés, par une collégialité de 18 scientifiques, dont un cosmonaute, présidée par le général d'aviation.

Volgograd 1973

Sergey Monikov, le secrétaire scientifique de la branche de la Société géographique russe de Volgograd, a vu son premier ovni, vers 1973 : « Le mystère d'un OVNI peut être considéré comme l'un des plus intrigants de tous les temps, Je pense que l'activité des vols d'ovnis, ne diminue jamais, et notre région n'est pas une exception », fin de citation.

Moscou 1980

En janvier 1980 le ministre soviétique de la défense demande d'enregistrer tous les phénomènes exotiques inexplicables qui en dix ans vont conduire à la collecte de 3 000 messages sur 400 évènements, les rapports Platov et Sokolov disent que la masse des observations d'ovnis sont identifiés sans ambiguïté comme provenant et associés de lancements de fusées depuis le cosmodrome de Pletsek au nord de Moscou et 10 à 12 % concernent la catégorie des objets volants non identifiés En 1981 puis en 1986 deux programmes secondaires sur les phénomènes anormaux sont initiés par des programmes de l'académie des sciences physiques.

Le 14 juin 1980 le Président Iouri Vladimirovitch Andropov appelle le siège du KGB à 4h00 du matin, il a lui-même vu un ovni, il s'agissait du même objet volant non identifié qui avait aussi été repéré la veille, le 13 juin 1980 à 22h00 près de la ville de Tula, l'objet sphérique se dirigea vers Moscou, où l'observation fut confirmée par l'astronome Gindilis qui était de permanence à l'observatoire. Il n'y eu aucune détection sur les radars aériens, l'ovni survola la ville puis le principal aéroport de Moscou semant une grande panique. Des centaines de témoins virent ce qui pouvait être une sphère volante avec une couronne lumineuse qui traversait le ciel et s'éloigna en expulsant trois petites soucoupes volantes de plus petites dimensions. Des avions de chasse militaires tentèrent de les poursuivre en vain.

Medveditsa 1983

Au cours de l'été 1983, Fiodor Ivanovitch Eliseïev, accompagné de plusieurs dizaines d'autres témoins oculaires qui assistaient à une séance de cinéma en plein air, observa le vol d'un ovni gigantesque.

Medveditsa 1982-1983

Soirée du 29 juin 1982 au-dessus de Medveditsa, région Nord de Volgograd, trois étoiles sphériques brillantes réalisaient ensemble un angle de presque 45 degrés, elles ont formé une composition en triangle avec un feu blanc sur la gauche et deux rouges sur la droite. Phénomène identique le soir du 30 juin 1982 puis la même chose s'est reproduite exactement un an et un jour plus tard, le soir du 30 juin 1983. La troisième fois, il était possible d'observer cet objet si près que les observateurs virent le ventre métallique noir qui était visible grâce à un puissant projecteur émergeant de son centre, dont la lumière reflétait la surface lisse et noire comme le nombril du vaisseau. Le faisceau du projecteur n'était pas comme un cône, mais comme un halo mou de lumière. Sur Medveditsa entre 23 sites et 30 sites présentant des traces d'atterrissage d'ovnis furent répertoriés, tous comportaient des traces profondes, de 10 à 20 cm de profondeur avec stérilisation de la terre en profondeur jusqu'à 50 cm, les traces variaient en forme et en grandeur avec des diamètres de 5, 7, 8, 10, 11, et même 17 mètres.

Volgograd 1987

Un rapport du KGB relate un incident du 14 décembre 1987, qui implique un avion reliant Volgograd à Tbilissi, actuelle capitale de la Géorgie. L'équipage signala au contrôle au sol, un objet volant selon une trajectoire frontale à la sienne, tout d'abord il ressemblait à un avion dont les feux d'atterrissage étaient allumés, il laissait s'échapper derrière lui une queue de flammes dans le sillage de l'ovni. Un témoin anonyme téléphona au contrôleur aérien de l'aéroport local affirmant avoir aperçu un objet semblable à un avion en feu avec derrière lui une trainée de flammes, passer au-dessus du village où il habitait. Il n'y eut aucun bruit, puis subitement comme une explosion, et dans un éclair de feu l'avion disparut, rien ne tomba au sol, d'aucun effet sonore, juste comme du feu dans le ciel et puis plus rien. Des recherches entreprises au sol n'aboutirent qu'à une perte de temps.

Astrakhan 1989

Le 22 septembre 1989, dans la ville d'Astrakhan, située dans le sud-ouest de la Russie sur les bords de la mer Caspienne, à environ 400 km de Volgograd, des témoins virent un objet volant non identifié, sphérique tendant avec le temps à ressembler à une goutte, il était de couleur rouge feu et brillait dans le ciel. D'autres observateurs situés à côté de la gare de Koxhevaya, décrivirent l'objet comme étant de couleur jaune. Il fut clairement observé, et suivi avec des intervalles d'apparitions intermittentes, durant une période allant de quarante-cinq à cinquante minutes, par au moins neuf personnes, qui en firent part aux autorités. Six jours plus tard, le 28 septembre 1989, une autre observation eut lieu pratiquement au même endroit, elle concernait deux sphères lumineuses violettes et rouges. Elles évoluaient près de la piste d'atterrissage de la base aérienne locale. En octobre 1989, un objet semblable à la goutte rouge signalée en septembre à Astrakhan, fut observée par de très nombreux témoins, aussi bien civils que militaires, tout près de Burkhala dans la région de Yagodnoe, province de Magadan, à près de 6000 km au nord-est de Volgograd.

Bykovo 1990

En Août 1990 autour de deux heures du matin au-dessus d'une ferme près Bykovo, dans la région de Volgograd, une habitante Valentina Kolesnichenko et d'autres témoins ont observé à une distance de seulement 100 mètres, l'atterrissage d'un triangle de 10 mètres avec une lumière centrale dirigée vers le bas. Le lendemain trois traces espacés de 2,5 m furent trouvées au sol à l'endroit où il atterri, la profondeur était de 10 cm, et il n'y avait aucune végétation sous elles.

Roumanie 1989

Dans un cas qui s'est produit en Roumanie avant 1989, le service de la station militaire d'aviation de la base de Kogalniceanu, où se trouve une unité américaine de l'Otan de façon permanente, rapporta avoir observé une formation de neuf objets volants qui se déplaçaient à une vitesse très rapide dans le ciel. Les calculs du radar montrèrent que leur vitesse était aux alentours de 6000 km/h. Les objets brillants disparurent après la Mer Noire, vers la Russie. Une telle vitesse ne peut être atteinte par un avion ou un missile, qui serait alors désintégré, de plus, la vitesse n'aurait pas été constante tout le temps. L'incident n'a pas pu être expliqué.

Moscou - Protasovo 1990

Le 30 Avril 1990, à 100 m de la rive de la rivière Pruzhenka, s'est posé un petit ovni quadrangulaire qui a laissé une trace d'environ 2 x 3 m avec 4 supports. Cela se passait à Protasovo (Протасово), qui est un petit bourg, situé à proximité des villages d'Ogudnevo (Огуднево) et Dushonovo (Душоново). Un peu plus tard, l'ovni a décollé, survolant Ogudnevo et Petit Petrishchy en direction de Fryanovo. Le village est au Nord de la rivière, tandis qu'au Sud il n'y a que des arbres, verdure et champs. Le site d'atterrissage de l'ovni a été inspecté à plusieurs reprises par les ufologues de Moscou, y compris Olga Stepanovna Tkachenko et les membres de l'association ufologique Kosmopoisk, qui dans un de leurs déplacements lors de la nuit du 3 au 4 octobre 1998, ont même filmé deux ovnis en direct dans la région.

Pour se rendre là-bas depuis Moscou, prendre le métro jusqu'à la station de métro Schelkovskoe (метро Щелковское), puis prendre un autobus devant la gare routière direction le nord vous partez d'Izmaïlovo dans la banlieue de Moscou, puis passez par la ville de Mytichtchi, comptez une heure de trajet avec les arrêts pour une cinquantaine de kilomètres, sur la route nationale 110. Ou un train électrique depuis la gare de Yaroslavl à Fryazin, puis en bus à Fryanovo. Ou en voiture sur l'autoroute 110 jusqu'à l'intersection avec l'autoroute A107.

Le professeur de l'université d'État Lomonossov de Moscou, Vladimir Lipounov, astrophysicien docteur en sciences, qui a créé il y a 15 ans le réseau global unique des télescopes robotisés MASTER déclare : « On a commencé nos activités d'observation dans la région de Moscou. Nous avons fait des millions de clichés, et je peux vous rassurer que nos télescopes n'ont enregistré aucun vaisseau spatial extraterrestre », fin de citation. Grâce à ces robots, le professeur et son équipe sont capables d'observer le ciel et de détecter le moindre objet qui y apparaît. Selon l'astrophysicien Lipounov, les objets que les habitants du village ont vus, auraient pu être des avions russes. Les habitants de Protasovo ne sont pas d'accord sur ce point de vue, parce que, selon eux, des avions et des hélicoptères survolent régulièrement la région, car non loin de cette localité se trouve l'aéroport militaire Chkalovsky, et cela n'à voir avec ce qu'ils ont vu. En 2017 les habitants ont construit un petit musée en forme de soucoupe volante sur le bord de la route à l'entrée du village, pour immortaliser la visite du petit bourg par des extraterrestres. Les initiateurs de la création de la soucoupe volante, étaient le maire d'Ogudnevskoye, Nikolai Sorokin et l'homme d'affaires Alexandre Pyatkin.

Medveditsa 1993

Zone au nord de Volgograd, à la mi-Juillet 1993, un ovni en forme de soucoupe volante brillant atterrit à la périphérie de Medveditsa. À l'automne 1993 vers 20 heures, l'électricien Viktor Vasilievich Berkut a longtemps observé un étrange nuage lumineux sous forme de lentille comme une soucoupe volante, clairement visible dans le ciel nocturne. A la fin du mois de mai 1994, le pilote Vladimir Hurshudovich Dallakyan vu dans la région le vol silencieux d'un ovni triangulaire avec un fond plat et un projecteur au centre.

Medveditsa 1994

Selon Vladimir Vitalyevich Podkuyko, au cours de l'été 1994 trois ovnis ont été vus par la moitié des habitants d'un village.

À la mi-août 1994, vers 21h20, Viktor Vasilievich Vyzkubov, accompagné de sa femme et de ses amis, se trouvait dans la rue centrale du village, quand soudainement, dans un ciel clair et dégagé, presque tous remarquèrent quelque chose d'incompréhensible. Une étoile brillante de 30 à 40 cm, qui se trouvait 50 mètres d'eux s'est envolée vers le Sud-Est. Très lentement, derrière elle, suivait un cigare bleu argenté de 15 à 20 mètres de long, et de 3 à 4 mètres de haut, qui laissait une trainée bleue. Un machiniste du nom d'Alexandre Chernov avec un ami et sa fiancée, ont vu un soir un triangle énorme au-dessus du village, ce dernier diminua en taille puis disparut.

Medveditsa 1995

Matin d'été en 1995, un jeune pilote, Alexander Terekhov, à suivi du regard pendant une demi-minute le vol de 2 étranges objets oblongs argentés. Le premier s'est élevé vers le ciel à grande vitesse et le second est descendu vers le sol comme s'il avait plongé sous la terre, les deux ont complètement disparu sans aucun son.

A plusieurs reprises depuis la fin de l'hiver 1997, jusqu'en 1989, puis en 1991, et en 1992, on a vu un ovni, en forme de boule argentée léviter dans le ciel de Medveditsa, les observateurs ont aperçu comme un noyau central en lévitation avec un anneau d'aspect métallique argenté, les deux semblaient tourner comme s'il y avait eu un axe, un peu comme la planète saturne mais en plus petit, brillant et métallique.

Medveditsa 1997

Au cours de l'été 1997, des boules et des disques lumineux, au moins à plusieurs reprises, ont été observés par les habitants d'un lac proche de quelques kilomètres de la Crête de Medveditsa. A l'intérieur du lac est perçu comme un cercle presque parfait, au centre duquel se trouvait une petite île ronde. En mars 2010 soit quatorze ans plus tard et à plus de 4000 km au nord-est en ligne droite, quelque chose de similaire fut non seulement vu par les habitants, mais photographié et filmé par les satellites. L'apparition d'objets anormaux dans le ciel de la Russie et de l'Asie centrale soviétique se poursuivit au cours des dernières années de l'Union soviétique. Récemment une photo de la NASA a été publiée, on y voit un anneau mystérieux sous le lac Baïkal gelé. La photo a ensuite été rejetée par les experts, qui ont suggéré qu'il s'agissait de gaz méthane naturel. Quelques jours plus tard, sept plongeurs sont descendus en 1982, pendant les plongées de formation dans les profondeurs du lac Baïkal, les plongeurs de la marine russe ont vu un objet étrange à une profondeur de 50 mètres. Trois plongeurs sont morts durant les manœuvres de remontée à la surface. L'objet immergé avait des ailerons, de couleur métallique argentée.

Medveditsa 1999

Dans la soirée du 4 juillet 1999, un résident local a regardé une boule rougeoyante au-dessus de Medveditsa. En ce début des années 2000, la région est source d'une quantité de survols incroyables, ainsi de 1982 à 2006, 37 expéditions furent menées à Medveditsa comprenant 916 chercheurs et des centaines de curieux. On dénombra 80 crop circles et autres traces d'atterrissages. Les premières observations massives d'ovnis y débutèrent en 1967, un atterrissage fut parfaitement observé en 1982. Des observations et traces trouvées en 1980, le 28 juin 1993, en 1995, en juillet 1997. Fin 1993 près de la route de Saratov à Volsk, un objet volant non identifié est parfaitement observé, non loin d'un lieu survolé par un célèbre ovni en 1949. En juillet 2000 un cercle fut trouvé dans un champ de maïs dans le district d'Alekseevitch, région de Volgograd. Des apparitions et traces au sol furent observées en août 2000, en juillet 2001, en août 2003, en août 2005 avec plus de douze cercles au sol. Le 4 août 2005 un ovni atterri à 20 km du camp des chercheurs ufologues. Le collectif de scientifiques, de techniciens et de passionnés recensera 149 ovnis en forme de disque, 173 en forme de sphères, ovales ou ellipses, 46 en type de missile ou de cigare, onze triangulaires et 19 observations radars non visuelles sur une période de moins de 25 ans.

Volgograd 2000

Dans les années 2000, il a été recueilli auprès de sources très diverses, 548 cas d'observations d'ovnis, puis en 2003, il y eut 610 cas inexpliqués avérés observés. Deux nœuds aériens voient converger vers eux une très grande concentration d'observations d'ovnis, le premier est situé sur le 47e kilomètre de la route Yaroslavl, au nord de Moscou. Le deuxième nœud est dans la région de la Basse-Volga. La Zone du 47ème kilomètre de l'autoroute Yaroslavl, est l'une des zones anomales les plus célèbres de Russie, en 1990 le pilote de chasse Alexander Semchenko tente d'intercepter un ovni avec son avion de chasse, il poursuit un triangle volant dans le ciel qui le sème et disparait de l'écran radar au sol. La zone a été étudiée et étudiée depuis le début des années 80. La zone approximative de concentration des OVNIS est de 500 mètres à l'est de la borne kilométrique n° 47. Pour s'y rendre depuis Moscou, en bus ou en navette jusqu'à Serguiev Possad depuis la station de métro Schelkovskaya, ou en train depuis la gare moscovite de Yaroslav.

Moscou 2000

Le 16 Août 2000 à 4h40 du matin à Pokrovka, Kalinskogo Rayon, région de Moscou, un appareil en forme de soucoupe volante d'un diamètre qui pourrait être d'approximativement deux mètres, s'est déplacé à très grande vitesse dans le ciel et a composé différentes figures, les observateurs et les ufologues pensent qu'il pourrait s'agir d'un engin expérimental terrestre en phase de tests. Suivant les témoins, certains ont vu un disque volant, d'autres peut être en raison de son déplacement rapide, auraient vu un disque comme une ellipse.

Volgograd 2003

Le mercredi 20 août 2003 dans le ciel, au-dessus de la ville de Volgograd, mais aussi dans les régions voisines, une boule de feu s'est scindée en plusieurs parties, puis a disparu au-delà de la Volga.

Vers 22 heures, les Volgogradiens ont observé un phénomène étrange. Une boule de feu, commence à décroître en douceur, se désintégrant en des fumerolles multicolores, et disparait derrière la rivière. L'hypothèse initiale d'un avion, où de la chute d'une fusée volant en partance des sites militaires de la région d'Astrakhan, a été formellement rejetée par les autorités, en premier lieu aucun essai ne se fait au-dessus de zones habitées, en second lieu, les tests sont dirigés totalement à l'opposé, en dernier lieu rien n'a été lancé dans le ciel ce mois-là. Des boules de feu ont été vues à Volzhsky, Dubovka, Zhirnovsk, Volgograd, Astrakhan, sur un axe Nord-Ouest au Sud-Ouest de 400 km en ligne droite. Selon Galina Aksenova (Галина АКСЕНОВА), professeur au planétarium de Volgograd, ce n'était pas des météorites car ils ne volent pas si bas et en lévitation horizontale. Les personnes ont du mal à interpréter ce qu'ils ont vu. L'ancien pilote Nikolaï Ishachkov (Николай Ишачков) a également été témoin du phénomène : « J'ai vu par moi-même, à quinze heures dix, dans le district de Traktorozavodsky, quelque chose d'étrange qui volait au-dessus de la Volga. Ce sont trois points de combustion. Il m'a semblé que leur vitesse était d'environ 200 km par heure. Quand ils tombèrent, ils commencèrent à s'estomper et à se dissoudre dans le ciel. Il est peu probable que ce soit quelque chose de l'espace extra-atmosphérique. S'il s'agissait de météorites, le taux de chute serait très différent, beaucoup plus élevé. C'est plus comme une partie d'un avion ou d'une fusée qui tombe. En tout cas, origine terrestre », fin de citation.

Léonid KISLER (Леонид КИСЛЕР), le directeur des affaires de l'aéroport international de Volgograd dira : « Je peux dire avec certitude, que vous avez vu la séparation et la chute des premiers étages des missiles, c'est un processus normal. Lorsque la fusée décolle, les premières étapes brûlent et tombent. Et ils ont été lancés à Kapustin Yar. Tout le monde sait qu'il y a un terrain d'entraînement militaire là-bas. Je sais cela de façon fiable, mais je ne vais pas divulguer mes sources. Une boule de feu brillante est tombée en diagonale du nord au sud-est tout en se divisant en petits points lumineux et en laissant une traînée de fumée. Certains observateurs ont suggéré qu'il s'agissait d'un avion en feu, car l'objet était assez grand. Aucun missile ne partit du polygone de tir d'Achaluk (Ашулук), Cela pose un problème majeur, la base secrète de Kapustin Yar n'a jamais tiré un seul missile balistique atomique au-dessus de Volgograd avec les risques encourus, en 60 ans d'existence. Si les missiles sont tirés, c'est alors dans l'autre sens. El les Volgogradiens, ne peuvent pas les voir. C'est ce qu'affirme Igor Shevchenko (Игорь ШЕВЧЕНКО), un assistant du chef de la quatrième zone d'essai de l'Etat du ministère russe de la Défense, il dit :

« J'ai moi-même regardé ça depuis le balcon et je ne peux pas imaginer ce que c'est », fin de citation.

Il est à noter que les radars civils et militaires, n'ont pas enregistré la chute d'un avion au sein de Volgograd. Des sources proches des services spéciaux de l'aviation, ont constaté que des douzaines d'appels de citoyens les ont informés de ce phénomène unique, ayant fait l'objet de procès-verbaux auprès de la police dans la soirée du 22 août. Les premiers messages ont commencé à affluer vers 21h45 heure locale. Les appelants ont signalé qu'ils ont vu des sphères lumineuses de différentes tailles et couleurs, tombant vers la ville de Volgograd. Les forces de défense aérienne au sol n'ont enregistré aucun objet volant dans la région de Volgograd durant la même période. A Volgograd, dans différents quartiers de la ville, à Dzerjinski, Vorochilovski, on a vu comment une boule rouge-orange est tombée en direction de la Volga, sa queue était verdâtre avec une brume dense. Plusieurs autres boules, peut être au nombre de trois ou quatre tombaient à proximité. Il s'est avéré que ce phénomène fut également observé à Astrakhan, à plus de 400 km au Sud-Est. Un second groupe de témoins oculaires du district de Kirov et Krasnoarmeysky observa une énorme boule rougeoyante vers 23h30. Selon un travailleur de parking du district de Kirov, quelque chose est tombée dans la direction du district de Krasnoarmeysk. L'objet a volé d'abord vers Krasnoarmeysky, puis s'est retourné et a commencé à tomber, c'était énorme, au point que les observateurs ont pensé à un avion qui se détourne de sa route puis s'écrase. Au sol aucun avion ou objet n'a été trouvé ni par les autorités, ni par les civils.

Akhtuba 2009

Yuri Peskishev, employé de l'usine Volzhsky, déclare qu'en 2009, il a vu un ovni plusieurs fois, et au même endroit : « Le 28 mai je voyageais dans le bus numéro 14, il roulait dans la zone du cinéma Spoutnik, un petit point noir énorme apparut sur le côté gauche en hauteur dans le ciel. Contrairement aux nuages. J'ai photographié cet objet, et chez moi sur la photo j'ai vu une auréole rougeoyante autour du point mystérieux. Plus tard, j'ai vu à plusieurs reprises des ovnis se déplacer sur Volzhsky le long de la même trajectoire, le long d'Akhtuba », fin de citation. L'objet sombre flottait dans une direction, il n'y avait pas de vent, à un moment donné il ne bougeait plus. La rivière Akhtuba se sépare de la Volga au-dessus de la ville de Volgograd 48.8167 ° N 44.6880 ° E, et coule vers le Delta de la Volga et la Mer Caspienne.

Volzhsky 2009

Le représentant de commerce Andrey Shevtsov a vu un disque étrange dans le district de Zhirnovsky, où il se rendait en voyage d'affaires en avril de cette année 2009 : « Je n'arrive toujours pas à comprendre ce que c'est, soit un ovni, soit une forme bizarre de nuage, ou un autre phénomène naturel », fin de citation. La ville est à 100 km au sud-ouest de Saratov, elle fut fondée en 1958 en unissant les villages de Zhirnoye Selo (Жирное Село) et Kurakino Selo (Куракино Село), qui avaient chacun été fondés aux XVIIe et XVIIIe siècles. Les travaux de constructions pour la fusion administrative des deux bourgs permirent de découvrir d'importants gisements de pétrole près de ces villages dans les années 1940, et un lotissement de travailleurs détachés fut bâti en 1954, pour ouvrer à l'extraction des hydrocarbures.

Volgograd 2009

Dans la ville de Volgograd, Vladimir Tyukalov a été capable de filmer un vol d'ovni par une journée ensoleillée, la soucoupe volante survole lentement le centre de Volgograd à côté du boulevard Prospect V.I. Lénine et atterrit dans la région de Mamayev Kurgan. Le lieu est sur une hauteur dominant la ville de Volgograd, autrefois Stalingrad, dans le sud de la Russie. En russe, son nom signifie kourgane de Mamaï. On trouve sur cette colline un mémorial immense, une statue de la Mère Patrie construite en 1959, brandissant une épée, commémorant la bataille de Stalingrad. Sous la colline on dénombre mille deux cent cinquante éclats métalliques au mètre carré. Tyukalov ne fut pas le seul à l'observer, l'ensemble de l'administration de la ville est dans un bâtiment face à la colline ainsi que la piscine municipale et un complexe hôtelier.

Kishertsky 1980-2013

Dans le district de Kishertsky de la région de Perm au début des années 1980, un corps cosmique, est tombé dans l'étang et a soulevé une vague d'une hauteur de 10 mètres. Les habitants l'auraient vu en en Juin 1980, depuis, les agriculteurs locaux enregistrent l'apparition régulière, de phénomènes lumineux en forme de sphères. Un habitant du nom de Bachurin prétend qu'en Octobre 1984, en regardant la forêt, il vit une boule violette en sortir puis atterrir. Sur le site d'atterrissage de l'objet il a trouvé un espace au sol décongelé d'un diamètre de 62 mètres. Dans les échantillons de terre qui furent analyses, on a retrouvé en laboratoire des éléments de terres rares, y compris l'yttrium et le scandium, qui se sont avérés être dans une proportion trois fois plus élevée que la norme. Mais si en 1980, des ovnis étaient régulièrement observés dans la région de Perm, selon un habitant du nom d'Alexei Egovtsev, chasseur et spéléologue, on ne vit plus rien pendant des années. Bien qu'en Août 1988, où deux cents personnes d'une maison de repos voient un triangle dans le ciel avec trois points de couleur orange-rouge. Ces points de lumière avaient des queues, comme des comètes. Ils ont effectué un vol parallèle les uns aux autres sur une trajectoire rectangulaire, volant horizontalement, avant de s'arrêter, puis de réaliser une rotation de 90 degrés vers le bas. En à peine quinze minutes, ils sont tous descendus dans les bois près du village de Molyobka. Fin avril 2013, de nouvelles boules rougeoyantes survolent la région de Perm, il apparut aussi d'innombrables traces au sol, des courbures d'arbres témoignant qu'une force les a pliés de force sur son passage. L'armée russe publia en 2010, des rapports sur des incidents étranges dans le lac Baïkal qui est le plus profond au monde, et où les touristes ont souvent vu voler des objets ronds comme des boules de lumière étrange qui manœuvrent sur le lac.

Volzhsky 2015

Le 3 avril 2015, une femme du nom de Ksenia Chugainova, a vu un ovni sur Volzhsky : « Il était neuf heures et demie du soir dans le 30e district, l'objet était de forme ovale et se déplaçait d'Ouest en Est. Et sur l'un des gratte-ciels, il resta immobile pendant quelques minutes. Cependant, pendant que je courais après la caméra, l'ovni avait déjà disparu », fin de citation.

Je n'ai parlé ici que quelques exemples caractéristiques de cas, d'autres tout aussi intéressants, que je n'ai pas abordé dans le présent ouvrage, se retrouvent en ligne Dans la Chronique des Visiteurs ovni à partir du 2.09.2002 :

http://chernobrov.narod.ru/resume.html

cet ouvrage fut réalisé par l'ufologue Tchernobrov, ancien membre du KGB, aujourd'hui décédé, il consacra sa vie à l'ufologie en URSS, il compila des récits passionnants ainsi que des rapports d'enquête personnels et collectifs sur le terrain. Voici un lien vers un site où l'on peut trouver trente autres ouvrages de Vadim Tchernobrov :

http://chernobrov.narod.ru/

CONCLUSIONS

Ailleurs sur le net Russe, on peut trouver de tout, même des sujets ovnis montés de toutes pièces, comme la capture filmée d'un ovni à Sverdlovsk où la légende du vol militaire numéro treize : « En 1976, l'armée de l'air soviétique a subi un choc sans précédent, le 7 septembre à 10 heures et 45 minutes de l'aérodrome militaire Tskhakaia en Géorgie du Sud, un MiG-25P avec le numéro de coque 13 décolle avec à son bord un jeune piloté, mais déjà expérimenté, le lieutenant Artyom Sokolov. Après 30 minutes de vol d'entraînement, l'avion de chasse MIG-25P avec le numéro d'avion 13, a soudainement disparu des écrans radar du régiment de chasse des forces de défense aérienne et la liaison radio avec l'avion a été interrompue. Le commandant de la défense aérienne, le maréchal de l'air Evgueny Savitsky, qui se trouvait à Primorye lors d'un contrôle d'inspection, réagit calmement à l'incident : « L'aviation est l'aviation ! Tout peut arriver ». Les recherches en hélicoptère pour trouver le lieu de l'accident ont duré cinq jours, au bout d'une semaine l'avion top-secret, MiG-25 numéro treize dont il n'existait que 400 unités en URSS avait disparu ».

En 1994, trois ans après le décret de Boris Eltsine sur le transfert des documents du KGB pour la sécurité de l'État, il a de nouveau été décidé d'attribuer aux archives du KGB le statut de dépositaire avec le droit de conserver les documents pendant 75 ans. Est-ce que quelque chose a été transféré de cette archive au stockage d'état central au sujet des ovnis entre 1991 et 1994 ? Pas vraiment, encore tant de cas ressortent par les journaux, sont niées par l'Etat avant de reconnaitre une certaine...authenticité.

Aujourd'hui, depuis environ les années 2000, le phénomène s'est déplacé au sud-ouest à 700 km de la célèbre zone 51 Russe de Kapustin Yar, désormais, dans une petite ville côtière très connue depuis les J.O. d'hiver de 2014 à Sotchi. Des touristes occidentaux rapportèrent des clichés d'ovnis obtenus du 7 au 23 février 2014, certains assez nets, notamment les 15 et 16 février 2014. Mais de toute évidence les observations y étaient déjà monnaie courante. Le 30 septembre 1989 dans le journal de Sotchi "Station de Santé de la Mer Noire", et lieu des Jeux Olympiques, se publie un grand article sur les OVNIS observés en juillet de cette année les équipages de quatre avions ont indépendamment observé deux soucoupes volantes haut dans le ciel. Elles ont manœuvré avec une facilité incroyable et ont même changé leur forme. Tard dans la soirée du 9 au 10 décembre 2017, sortant sur le balcon pour respirer l'air frais, Vladimir Konokov, habitant de Sotchi, vit soudainement qu'une soucoupe volante pendait dans les nuages au-dessus du micro district de "Svetlana". Il capture la vision de l'objet volant non-identifié sur son téléphone portable. Selon lui, l'OVNI a commencé à briller si fort qu'il faisait mal aux yeux, à le regarder, les faisceaux de lumière verte étaient émis dans toutes les directions du district. Le phénomène dure littéralement 30 secondes, puis la soucoupe volante vole dans le ciel et se dissout instantanément. L'habitant qui a été le témoin de ce phénomène inhabituel, partage ses impressions et photos de l'ovni dans les réseaux sociaux. Toute la soirée ne pouvant pas s'endormir, il était très choqué. Dans la nuit du 15 au 16 décembre 2017, (vendredi au samedi) des astronomes de Sotchi observent au-dessus de la ville olympique, un phénomène inhabituel, un objet céleste très clairement visible volant rapidement sur la ville et finissant un atterrissage dans la mer. Des témoins notent que le vol s'est terminé en coton. Une partie des habitants a considéré que c'était un ovni, pour d'autres, une météorite. Cependant, le ministère des Situations d'urgence a démenti ces informations, affirmant que les services d'urgence n'avaient reçu aucun rapport. Un témoin filma l'objet dans le ciel avec la caméra embarquée à bord de sa voiture, on y voit une brillante boule de feu laissant une trace lumineuse qui éclairait comme en plein jour. Selon les membres de L'observatoire d'Astrophysique représentés par Alexandre Ivanov, leur équipement a également enregistré le vol d'un corps céleste, il croit aussi que ce n'était pas un ovni ou une météorite. Le chef de l'observatoire ajoute que c'était probablement une pluie de météores comme cela fut le cas, dans la période du 4 au 17 décembre 2017. Et ce n'est pas le premier météore qui est entré dans l'atmosphère terrestre, note le scientifique. La taille des météorites fut de 10-15 cm, ils brûlèrent dans l'atmosphère, l'objet entra dans l'eau avec facilité, sans vagues ni projection d'eau, le feu lumineux l'accompagnant se dissout tel un nuage de brume puis il n'y eut plus rien, l'eau était d'un calme absolu. Sur le site de la ville de Sotchi « Rodskoï Internet Portal », le 18 juillet 2017 un article disait que les scientifiques, affirment qu'à Sotchi, il y a une forte probabilité de rencontrer un ovni et suggèrent que les extra-terrestres apparaitront au-dessus de la cité balnéaire jusqu'en 2020. On ne sait pas sur quoi ils basent leurs déductions, toutefois, la capitale des Jeux Olympiques d'hiver, Sotchi, peut se vanter depuis des années, du fait qu'elle se nourrit d'affaires d'ovnis. Dans la ville il est fréquent de voir des centaines d'objets uniques, beaucoup d'entre eux furent filmés à la caméra au mont Akhun, situé au nord-est, face à l'ancienne Datcha de Staline, ou en mer. Certains disques volants sortent de l'eau, d'autres, volent au-dessus de la mer. L'endroit le plus fort de la ville en termes d'énergie est la montagne de Bixtha (Бытха), qui s'élève de 300 m au-dessus du niveau de la mer, la presse spécialisée Russe déclare déjà : « voici un portail entre les mondes ». A la montagne Bixhta de Sotchi, la vitesse du vol des objets non identifiés est telle, qu'ils sont parfois inaccessibles à un simple regard humain, et que le mouvement des objets apparait sur des vidéos passées à vitesse, les calculs donneraient de 4000 à 10000 km / h.

Un film documentaire lors d'une conférence de scientifiques à Saint-Pétersbourg, du 26 au 30 juillet 2010, sur la zone anomale de l'activité ovni sur Sotchi, présenta des images pour la première fois, de bonne qualité, avec une vitesse du mouvement d'objets de 1 à 3 km par seconde, à l'époque un témoin, Valery Troitsky (Валерий Троицкий), résident du quartier Zarechny (Заречный), disait déjà :

« Nous avons réussi à photographier ces objets dans le ciel de Sotchi. Au début, il semblait qu'il n'y avait rien dans les images, mais quand les images étaient agrandies sur l'ordinateur, les objets étaient clairement visibles, la balle au milieu et les objets d'une forme étrange, disposés avec un triangle d'où descendaient quelques rayons ».

Vladislav Karabanov, a vu pour la première fois un OVNI et photographié accidentellement sur sa caméra. Le résultat a été des films sur les OVNIS à Sotchi, qui ont été visionnés sur Internet par des centaines de milliers de personnes, le général Gleb Shcherbatov (Глеб Щербатов), confirme l'authenticité des survols anormaux en 2011. Les habitants de Sotchi qui vivent à Krasnaya Polyana, dans les régions d'Aibgi (Аибги), de Psekhako (Псехако) et de Bytkha (Бытха), observent le plus souvent des objets obscurs dans le ciel, en montagne, en mer, mais parfois dans le centre de la ville.

Si beaucoup de phénomènes paranormaux dans le monde proviennent de fabulations, de nouvelles affaires étranges font de nouveau à la une en Russie, et nombreuses sont celles qui sont sans explication raisonnable, elles ne manqueront pas de nous étonner.

TABLE DES MATIERES
Содержание

9791097252090

www.ingramcontent.com/pod-product-compliance
Ingram Content Group UK Ltd.
Pitfield, Milton Keynes, MK11 3LW, UK
UKHW021653190726
13853UKWH00001B/233

9 791097 252090